DROPSHIPPING

INDICE

INTRODUZIONE

Il commercio elettronico o e-commerce è definito come: "l'acquisto e la vendita di prodotti o servizi su Internet". Molti pensano all'e-commerce come a qualcosa che fanno tutti i giorni, come pagare le bollette online o fare acquisti sul sito web di un rivenditore. Il pensiero di una vita senza e-commerce è ormai inimmaginabile e, per molti, piuttosto complesso. Qualche decennio fa, il concetto di e-commerce non esisteva nemmeno. Il commercio elettronico, così come lo conosciamo oggi, ha iniziato a svilupparsi negli anni '90, quando Internet e la tecnologia dei pagamenti online sono maturati a sufficienza per aprire le porte all'uso commerciale e consentire a tutti di ordinare online in totale sicurezza. Come è iniziato tutto?

Come già accennato, l'idea del commercio elettronico è nata solo qualche decennio fa, nel Regno Unito per la precisione nel 1979, e ha avuto un primo protagonista. Il suo nome è Michael Aldrich. Come inventore e imprenditore, ebbe un'intuizione: adattò il suo televisore di casa collegandolo a un computer tramite una linea telefonica. In questo modo, Aldrich ha creato il canale che ha reso possibile la prima esperienza di shopping televisivo, consentendo a due dispositivi di comunicare ed elaborare transazioni tra più utenti in tempo reale, aprendo la porta a tentativi di commercio elettronico. Il sistema è stato commercializzato a partire dal 1980 e offriva principalmente relazioni business-to-business, sviluppando inizialmente l'acquisto e la vendita nel Regno Unito, ma stabilendo successivamente collegamenti con paesi stranieri come l'Irlanda e la Spagna. Il primo ordine online è stato effettuato nel 1984 da una donna inglese di 72 anni, Jane Snowball, che ha ordinato generi alimentari direttamente dalla sua poltrona attraverso il televisore di Tesco, una delle più grandi aziende del settore alimentare, con oltre 6 800 negozi in tutto il mondo e più di 450 000 dipendenti. Quando oggi pensiamo all'e-commerce, pensiamo subito a grandi colossi come Amazon e Ebay, ma prima di Amazon qualcuno vendeva libri online: Charles M. Stack, l'uomo che ha ispirato il ben più ricco e famoso

Jeff Bezos. Nel 1992, l'imprenditore e visionario di Cleveland (Ohio, USA) ha fondato Book Stack Unlimited, una libreria online con circa 500.000 titoli e interviste agli autori. Il catalogo era molto ben organizzato e permetteva agli utenti di cercare i libri di loro interesse in base a varie voci come titolo, autore, parole chiave e codice ISBN. Tuttavia, vale la pena sottolineare che un anno prima, il 6 agosto 1991 per la precisione, era avvenuto un altro evento, forse il più decisivo di tutti: l'evento che molti considerano l'inizio dell'era tecnologica. L'allora 34enne Tim Berners-Lee, ricercatore britannico del CERN, stava risolvendo il problema della condivisione di documenti tra scienziati e sviluppò un software basato sul concetto di ipertesto, che chiamò World Wide Web, il classico www con cui iniziano i siti web.

È stato il primo sito web della storia a lanciare ufficialmente l'era di Internet. Come ha scritto nel suo libro, il web è un'innovazione sociale, non tecnica. L'ho progettato per avere un impatto sociale, per aiutare le persone a lavorare insieme, non come un giocattolo tecnologico. L'obiettivo finale del web è migliorare la nostra esistenza in rete nel mondo. È quello che è successo, perché ha cambiato completamente ogni aspetto della società, aprendo inevitabilmente la strada al commercio elettronico. Inoltre, le intuizioni di Berners-Lee su http, html e indirizzi di clock hanno certamente aperto la strada a ingegneri ed esperti successivi, soprattutto dopo la decisione del CERN nel 93 di pubblicare la tecnologia e il funzionamento del web, rinunciando così al copyright. Nello stesso anno è nato anche il primo browser Mosaic e successivamente il primo motore di ricerca, che hanno ulteriormente accelerato lo sviluppo e l'evoluzione del web nella rete internazionale di cui oggi facciamo tutti parte. Mentre la signora Snowball e i visitatori di Book Stack Unlimited potevano ordinare solo online e poi pagare in contanti alla consegna, la prima transazione completamente digitale, compreso il pagamento, è stata effettuata nel 1994. Si trattava di "Ten Summoner's Tales" di Sting, che il venditore, Dane Kohn, voleva vendere su Net Market, ma un amico lo ha acquistato per 12,48 dollari con carta di credito. Questa è stata la prima transazione sicura nella storia del commercio elettronico grazie a Marc Andreessen, fondatore del browser web Netscape, che utilizza il protocollo di sicurezza Secure Socket Layer (SSL) per criptare le informazioni personali come nome, indirizzo e numero di carta di credito durante una transazione online. Questa invenzione contribuisce certamente a promuovere lo shopping online, offrendo ai consumatori maggiore sicurezza e tranquillità negli acquisti online e proteggendo al contempo i venditori. Un'altra svolta nelle transazioni online è stata resa possibile nel 1998 dai giovani imprenditori Elon Musk e Peter Thiel. Mentre Thiel fondava la sua società X.com per creare la prima banca digitale al mondo, Musk iniziava a costruire una start-up di pagamenti chiamata Confinity. L'unione di questi due talenti ha dato vita a PayPal, un sistema che permette a chiunque di pagare online con una semplice e-mail e un link a una carta.

Nel libro di oggi, non solo faremo luce sui diversi tipi di trading online, ma ci concentreremo anche su una nuova e rivoluzionaria forma di trading: il Dropshipping.

Buona lettura.

1

CHE COS'È IL DROPSHIPPING?

Il dropshipping è un tipo di negozio online in cui il venditore non possiede un magazzino né dispone fisicamente degli articoli o delle merci che vende. Un terzo è responsabile dello stoccaggio del materiale venduto e quindi della sua spedizione. Questo nuovo modello di vendita permette a chiunque di vendere beni su Internet e di diventare così "imprenditore" di se stesso. L'e-commerce è decollato solo negli ultimi anni; si stima che dal 2017 ci sia stato un aumento significativo in questo settore. Sempre più persone scelgono di fare acquisti online, in parte per comodità e in parte per l'enorme scelta che il web offre. Molte persone rinunciano ad aprire un'attività di e-commerce a causa dei vari passi da compiere, ma anche perché la gestione del web non è sempre facile. Anche se non si dispone di un vero e proprio magazzino o di locali dove esporre i propri prodotti, ogni imprenditore deve aprire una partita IVA e prepararsi ad avviare un vero e proprio negozio online, che avrà caratteristiche e personalità proprie e, soprattutto, dovrà appoggiarsi a una fonte per lo stoccaggio e la spedizione delle merci. Si tratta del modello di dropshipping, utilizzato principalmente dal gigante dell'e-commerce che tutti conosciamo: Amazon. Se nei decenni precedenti eravamo abituati a pensare all'imprenditore come al proprietario di un negozio che vendeva la merce esposta nei suoi locali, oggi, con l'avvento di Internet, il venditore è diventato un intermediario tra chi è interessato ad acquistare la merce e chi la possiede fisicamente. Attenzione, però, che nel commercio elettronico il venditore non ha meno doveri e rischi di altri: è responsabile del buon esito della transazione tra l'acquirente e il terzo. Vendere prodotti online con questa tecnica del tutto innovativa, oggi molto conosciuta, ha certamente i suoi vantaggi e svantaggi. Che cosa sono? Se valutiamo innanzitutto i vantaggi, possiamo dire che:

- Non dovete mantenere un magazzino e

quindi non avete i costi di gestione che ne derivano. Non dovrete più investire denaro per trovare un luogo adatto per immagazzinare la vostra merce, non dovrete più investire denaro per organizzare la merce in anticipo e non dovrete più organizzare tutto ciò che riguarda la spedizione;

- Ci sono solo relazioni con i clienti da gestire;
- L'unico onere che grava sulla merce da vendere è quello di metterla in risalto e renderla attraente per il cliente;
- Non ci sono problemi nella gestione del materiale invenduto, delle scorte e dei resi;
- Il web offre una presentazione di gran lunga superiore a quella che può offrire qualsiasi altro mercato, e quindi un aumento esponenziale del fatturato con uno sforzo minore;
- Il sito è attivo 24 ore su 24 e soprattutto sette giorni su sette;
- La vostra attività può essere vista da chiunque, poiché è accessibile da qualsiasi parte del mondo su Internet;

- Ogni cliente può filtrare il prodotto che gli interessa in base al prezzo o alle caratteristiche;
- L'e-commerce riduce le fasi di distribuzione, quindi, oltre a essere più veloce, consente a ogni imprenditore digitale di ridurre i costi e a ogni cliente di risparmiare.

L'e-commerce offre l'opportunità di utilizzare strumenti di CRM (Customer Relationship Manager) per aiutare a raccogliere e analizzare dati quantitativi e qualitativi. Questo permette di creare un profilo di ogni cliente, consentendo di comprendere le scelte che portano un consumatore a scegliere un prodotto piuttosto che un altro. Inoltre, si guarda anche a quali sono le maggiori esigenze degli utenti online, al fine di determinare quali prodotti acquistabili possono riscuotere maggiore successo.

Tutti questi vantaggi si possono ottenere solo creando un'attività online credibile e, soprattutto, visibile. Uno degli elementi chiave online è la visibilità. Anche il feedback sull'esperienza del cliente durante la fase di acquisto e di selezione del prodotto è di fondamentale importanza. Il cliente deve percepire questa esperienza come un'autentica esperienza d'acquisto che evoca sentimenti di soddisfazione e interesse e il desiderio di ripeterla in futuro.

La visibilità può essere ottenuta in vari modi, ad esempio attraverso messaggi pubblicitari, tecniche di SEO (ottimizzazione dei motori di ricerca), ecc. Tutte queste tecniche sono utilizzate da ogni azienda per costruire la propria reputazione online e la propria immagine di successo. Va sottolineato che con l'apertura di una partita IVA possono accedere al commercio elettronico non solo i privati ma anche chi ha già un'attività avviata, e i vantaggi sono sicuramente visibili anche per questa categoria di persone. Rispetto alla vendita nei negozi o ai punti vendita tradizionali, i costi delle singole fasi sono inferiori, così come i costi di manutenzione dei locali e del personale. È stato osservato che il fatturato delle aziende di solito aumenta quando entrano nel mondo del dropshipping. La gestione del magazzino non esiste più, e con essa tutti i costi associati. L'efficienza aumenta, poiché qualsiasi azienda può essere trovata in qualsiasi momento e da qualsiasi utente o cliente. Sempre più persone si affidano a Internet per acquisti di ogni tipo. Perché molte persone scelgono l'e-commerce rispetto alla vendita al dettaglio tradizionale? Sono stati condotti diversi studi su questo argomento e i risultati sono molto interessanti:

- Per le nuove generazioni è molto facile usare Internet, quindi è molto più facile per loro fare acquisti in un negozio online che cercare un negozio che venda i prodotti a cui sono interessati;
- Grazie a molti strumenti e tecniche, lo shopping online è piacevole e attraente. Le persone sono felici quando comprano;
- I social network hanno un grande potere di influenzare le masse;
- È chiaro che i prodotti in vendita, oltre a essere ben pubblicizzati e, come detto, esposti in modo attraente, danno l'impressione di essere utili, sicuri e sempre disponibili sul mercato. Tutte queste sensazioni percepite aumentano naturalmente la fiducia del cliente nell'acquisto online.

Internet e tutto ciò che vi è collegato offre molti vantaggi, ma naturalmente tutto ciò richiede abilità e competenza nell'uso, molta pazienza e perseveranza, e il desiderio di collaborare. Diventare un imprenditore online potrebbe non essere così facile per tutti. Oltre alla partita IVA, è necessario ottenere l'hosting e disporre di almeno una piattaforma di vendita online. Dovete avere un nome di dominio con il quale potete essere rintracciati e identificati tramite un'app o un browser. Le strategie di marketing non sono meno importanti: anche se vendete online, i vostri prodotti devono essere utili, attraenti, visibili e interessanti per un pubblico più ampio.

Nelle pagine precedenti abbiamo detto che tutti possono essere imprenditori di se stessi e che il dropshipping è accessibile a tutti. Anche se non possiamo fare a meno di sottolineare alcuni rischi associati a questa attività. Che cosa sono? Ce ne sono alcuni:

- Alcuni dropshipper, soprattutto nella fase iniziale della loro attività, si associano a negozi, per cui il loro margine di profitto può talvolta essere ulteriormente ridotto. Se vi affidate a molti negozi, potrebbe non essere così facile gestirli tutti;
- È necessario disporre di un piano B se e quando si verificano interruzioni come ritardi nelle consegne, resi o integrità dei materiali;

- È necessario lavorare con fornitori affidabili ogni volta che è possibile.
- È necessario preparare un buon business plan che sia in linea con le opportunità e gli obiettivi prefissati;
- I margini di profitto non sono sempre ampi, soprattutto all'inizio.

2

I DROPSHIPPING ITALIANI

La traduzione letterale della parola dropshipping è "triangolazione delle spedizioni". Pertanto, si può dire che il dropshipping è un metodo di vendita su Internet che consente di acquistare i prodotti individualmente da un fornitore, che poi organizza la spedizione del prodotto acquistato direttamente al cliente finale.

Invece di acquistare prodotti e riempire un magazzino, l'imprenditore digitale può semplicemente lavorare con un grossista attraverso accordi preconcertati. Nel mondo del dropshipping, quest'ultimo è chiamato dropshipper. Le vendite online hanno una logistica e una gestione aziendale diversa rispetto alle vendite tradizionali, ad esempio la gestione dell'amministrazione e della contabilità, la gestione della soddisfazione del cliente e il rapporto con il fornitore, cioè il dropshipper.

La prima regola per individuare i dropshipper più affidabili è una buona regola empirica e l'abitudine di guardare e affidarsi ai feedback lasciati online dagli utenti che hanno già avuto a che fare con un negozio online. L'e-commerce in Italia non è certamente sviluppato come negli Stati Uniti, anche se vanta versatili dropshipper. Ne elenchiamo alcuni, ma non dimentichiamo che ogni esperienza di acquisto e il piacere che ne deriva sono soggettivi per ognuno di noi.

- B2B Griffati, questo dropshipper, invece, si occupa della vendita di abiti firmati di grandi marche;
- Bazarissimo è specializzato in abbigliamento, tecnologia e persino prodotti per animali domestici;
- Dropship4you vende accessori per feste, regali, bomboniere, gadget e altro ancora.
- Essetrade si occupa di prodotti high-tech, attrezzature informatiche, computer, telefoni cellulari e tutto ciò che riguarda la tecnologia;
- LedLux offre un'ampia gamma di prodotti

per l'illuminazione;

- Mondo Ink si occupa della vendita di prodotti per ufficio, forniture per ufficio, stampanti, fotocopiatrici e molto altro;
- New Cart è una delle più grandi piattaforme di dropshipping con molti negozi su di essa.

La fase di negoziazione con il fornitore di dropshipping è cruciale, poiché questo accordo influenzerà l'intera attività dell'azienda, dai prezzi di vendita al profitto netto del rivenditore. Per non parlare dei costi associati alla spedizione e alla cooperazione stessa. Poiché un rivenditore può essere competitivo sul mercato solo se mantiene prezzi non eccessivamente elevati (almeno per quanto riguarda l'avviamento), i costi della collaborazione con un dropshipper devono essere valutati attentamente. Anche i tempi di consegna, la puntualità e la serietà del fornitore devono essere valutati nei termini contrattuali: consegne tardive o merce non consegnata possono trasformarsi in feedback negativi e quindi ridurre la popolarità e i guadagni del sito. Volete un consiglio? Lavorate con diversi fornitori in modo da avere sempre una seconda scelta e, soprattutto, conoscete la vostra partnership e tenetela ben informata!

3

TIPI DI COMMERCIO ELETTRONICO

Il mondo dell'e-commerce è vasto ed esistono diversi tipi di modelli. Questi sono i quattro tipi più comuni:

- B2C: Business-to-Consumer

Il modello B2C prevede che un'azienda venda prodotti o servizi direttamente al consumatore finale. È il modello più conosciuto, in quanto direttamente collegato al consumatore e quindi alla maggior parte della popolazione, ed è anche il modello di business in più rapida crescita. Il target di questo tipo di attività è quindi molto ampio, in quanto esistono migliaia di negozi online che vendono abbigliamento, scarpe, gioielli, elettronica, ecc. e hanno il vantaggio di poter entrare in contatto con molti più consumatori difficilmente raggiungibili in un negozio fisico. La maggior parte degli e-store offre spedizioni internazionali, il che aumenta esponenzialmente il numero di clienti e, di conseguenza, i potenziali profitti. Questo modello presenta una serie di vantaggi, tra cui: bassi costi di avviamento, in quanto non sono necessari grandi capitali per creare un negozio online; contatto limitato con i clienti: questo può anche essere un "meno", ma i vantaggi sono sicuramente il fatto che la transazione può essere conclusa con un semplice listino prezzi (a differenza del B2B o del C2C); e il fatto che l'e-shop è aperto 24 ore su 24, 7 giorni su 7, una condizione da non sottovalutare. Ma ha anche i suoi svantaggi, tra cui il fatto che si tratta di un settore altamente competitivo con molti negozi online che coprono quasi tutte le nicchie, e la necessità di garantire consegne rapide e resi sicuri (ad esempio il servizio Prime di Amazon, il pioniere di questo modello di e-commerce, che garantisce l'arrivo della merce il giorno successivo all'acquisto).

- B2B: business to business

Il modello B2B è un commercio elettronico professionale rivolto esclusivamente ad aziende diverse dai clienti privati, con un'azienda che offre beni e/o servizi da un lato e un'azienda che agisce come consumatore dall'altro. Questo modello è meno conosciuto del precedente, in parte per il semplice fatto che, a differenza del modello B2C in cui sono coinvolti anche gli utenti privati, in questo caso il gruppo target è molto più ristretto in quanto sono coinvolte solo le imprese.

Inoltre, i prodotti non sono altamente standardizzati e le transazioni B2B tendono ad avere un ciclo di vendita più lungo, in quanto sono spesso soggette a negoziazione e a prezzi comuni a causa dell'elevato volume di beni da trasferire, ma d'altra parte hanno un valore d'ordine più elevato e acquisti più ricorrenti. Il pagamento non è sempre immediato, il processo di acquisto non è sempre chiaro e possono esserci contratti specifici. Un esempio è il contratto a termine che, secondo borsaitaliana.it, è per definizione "un contratto a termine standardizzato con il quale le parti si impegnano a scambiare una determinata attività (finanziaria o reale) a un prezzo fisso e con regolamento differito a una data futura".

Possono anche essere utilizzati come investimento, ad esempio se voglio comprare un barile di petrolio a 55 dollari alla scadenza di marzo. Ciò significa che devo acquistare un barile di petrolio entro marzo e devo essere in grado di rivenderlo speculando sulla differenza di cambio, e se immaginiamo che l'OPEC intervenga dopodomani e dica che taglierà la produzione di petrolio entro giugno, questo farà aumentare il prezzo del petrolio e porterà un profitto a chi ha stipulato un contratto a termine per acquistare un barile di petrolio a un prezzo fisso di 55 dollari. Nel 2020, circa la metà di tutti gli acquirenti B2B saranno millennial (quasi il doppio rispetto al 2012), poiché i giovani raggiungono l'età necessaria per avviare un'attività o condurre transazioni commerciali, e la compravendita B2B online è in aumento, soprattutto grazie ai nuovi e diversi modi di fare le cose che stanno emergendo online. I vantaggi di questa modalità sono sicuramente l'elevata propensione all'acquisto, gli ordini potenzialmente consistenti e il fatto che si tratta di un settore in crescita. Gli svantaggi sono rappresentati dalle lunghe trattative e dall'elevata concorrenza, in cui il prezzo è un fattore molto importante nel processo decisionale.

- C2B: dal cliente all'azienda

Le aziende C2B consentono alle persone di

vendere prodotti e servizi alle aziende, e in questo particolare tipo di attività sono i consumatori a creare valore per l'azienda. In questo modello, i ruoli si invertono: è il consumatore che esprime un bisogno e propone un acquisto su una piattaforma che permette poi alle aziende di proporsi per soddisfare quel bisogno. Ad esempio, gli imprenditori autonomi che hanno la possibilità di ottenere un lavoro direttamente online. Si tratta di un grande vantaggio per i clienti, che possono risparmiare tempo ed energie nella ricerca delle aziende, e allo stesso tempo possono farsi pubblicità e ottenere maggiore visibilità sul sito. Oltre ai freelance, un altro esempio sono i blogger e gli influencer che collaborano con le aziende per aiutarle ad aumentare la loro visibilità in occasione del lancio di un prodotto o semplicemente per consolidare la loro posizione sul mercato attraverso un personaggio pubblico e/o noto con una forte base di fan. I vantaggi sono senza dubbio la flessibilità, ovvero la possibilità di offrire servizi a distanza se è disponibile una connessione internet, e l'assenza di un magazzino, che riduce l'investimento iniziale grazie alla mancanza di merci da stoccare e alla scomparsa della logistica. Altri svantaggi sono il numero di utenti, che deve essere elevato perché l'azienda possa promuovere il suo prodotto/attività, e le basse commissioni, cioè la percentuale che l'azienda riceve da ogni vendita, che è irrilevante in assenza di un grande volume di affari.

- C2C: da cliente a cliente

Questa forma di e-commerce, che letteralmente significa da consumatore a consumatore e si ispira ai tradizionali mercatini delle pulci, consente a un'entità privata di offrire un prodotto o un servizio a un altro consumatore e di ottenere un profitto applicando commissioni sulle transazioni o sulle spedizioni, proprio come il modello C2B. Un esempio classico che viene in mente è quello di Ebay, che insieme ad Amazon è stato il pioniere dell'e-commerce, ciascuno nella propria forma (Ebay per il C2C e Amazon per il B2C), e ancora oggi queste due aziende sono tra i dieci siti di e-commerce più popolari al mondo, e l'Italia non fa eccezione, visto che questi due colossi sono rispettivamente al primo e al secondo posto nella classifica dei "100 siti di e-commerce più popolari in Italia". Gli attori coinvolti sono esclusivamente consumatori che offrono prodotti, beni e servizi online ad altri consumatori, stabilendo loro stessi il prezzo e spesso negoziando una riduzione del prezzo con l'acquirente. In altri casi, il venditore decide di mettere all'asta un oggetto spesso molto prezioso, da collezione o difficile da trovare, per massimizzare i profitti. Senza dimenticare la riduzione dei costi, in quanto il privato non deve sostenere tutti i costi sostenuti dall'azienda, sia nella gestione del prodotto che nei costi di pubblicazione e diffusione dei prodotti. Un altro vantaggio è che, eliminando gli intermediari, possiamo raggiungere un pubblico più vasto. D'altro canto, lo svantaggio è la mancanza di controllo: la vendita su piattaforme di terzi non offre molte possibilità di personalizzare la propria pagina prodotto.

L'e-commerce nel mondo e in Italia

Lo sviluppo del commercio elettronico rappresenta uno dei cambiamenti più significativi nel commercio internazionale degli ultimi anni e uno dei principali impatti di Covid-19 è il drammatico aumento dell'uso dei siti web per acquistare beni e servizi a causa della regolare chiusura dei negozi a partire da marzo 2020 in quasi tutti i Paesi del mondo. Anche prima della pandemia, c'erano altri tre fattori decisivi che hanno determinato la diffusione del commercio elettronico. Il primo è legato al settore della logistica, che negli ultimi anni ha reso più facile ed economico per le aziende trasportare grandi volumi di merci. Il secondo aspetto è legato alla possibilità di accedere a Internet, che è aumentata drasticamente con l'avvento della telefonia mobile. Il terzo aspetto riguarda l'uso delle nuove tecnologie digitali che hanno facilitato gli acquisti online grazie a nuove interfacce più semplici e intuitive che agevolano i consumatori negli acquisti, oltre a nuove strategie di marketing e processi decisionali più sofisticati. Nel 2020, circa 4,6 miliardi di utenti in tutto il mondo avevano accesso a Internet, con un aumento del 7% rispetto all'anno precedente e rappresentando il 59% della popolazione mondiale. Di questi, il 93% (4,3 miliardi) ha effettuato l'accesso al web da un telefono cellulare, dimostrando che lo smartphone è diventato uno strumento essenziale nella nostra vita quotidiana. I telefoni cellulari rappresentano in media il 55,73% del traffico globale, mentre il 41,46% proviene dai computer e solo il 2,81% dai tablet; possiamo quindi confermare che oggi Internet è mobile! Secondo le ultime stime, nel 2020 l'e-commerce genererà un giro d'affari B2B e B2C pari a 10.780 miliardi di dollari a livello mondiale. L'anno scorso il B2C rappresentava il 23% di tutte le transazioni, mentre oggi ne rappresenta il 39%, grazie alla combinazione di una diminuzione delle transazioni B2B dovuta alle numerose chiusure ordinate per rallentare la pandemia e di un aumento delle transazioni B2C.

Quando pensiamo al commercio elettronico oggi, non possiamo ignorare il gigante di Seattle che, come mostra la Figura 1.3.2, nel 2020 sarà visitato da circa 3,676 miliardi di visitatori al mese. Queste cifre astronomiche lo rendono di gran lunga il sito di e-commerce più popolare al mondo. Nemmeno Ebay, il sito di vendite e aste online più famoso al mondo, riesce ad avvicinarsi alla cifra di 3 miliardi, sebbene anch'esso riceva più di un miliardo di visitatori al mese. Al terzo posto c'è l'"Amazon del Giappone", con 799 milioni di visitatori, mentre al quarto e al sesto posto ci sono le principali aziende di elettronica e tecnologia dell'informazione del mondo: Samsung e Apple con rispettivamente 603 milioni e 529 milioni di visitatori, il gigante cinese al quinto posto con quasi 600 milioni di visitatori e al settimo posto l'azienda americana, la più grande catena di vendita al dettaglio organizzata del mondo; all'ottavo posto c'è un altro marketplace specializzato nella compravendita di prodotti fatti a mano o antichi, con quasi 300 milioni di visitatori; al nono posto c'è un gigante svedese dell'arredamento a basso costo, con 230 milioni di visitatori; e in fondo alla lista c'è il più grande rivenditore americano di articoli per la casa, The Home Depot, con 229 milioni di visitatori.

L'e-commerce è in continua evoluzione, sia in Italia che nel resto del mondo. Come si può vedere nella Figura 1.3.3, il commercio elettronico in Italia è quintuplicato in soli dieci anni. Da un fatturato di 10 miliardi di euro nel 2009 a un fatturato di quasi 50 miliardi di euro nel 2019. Nel 2020 si registra un leggero calo, cosa molto strana, poiché sappiamo che l'e-commerce in Italia ha generato un fatturato di 48,2 miliardi di euro (un piccolo calo rispetto agli altri Paesi europei), ma in realtà stiamo parlando di un calo dell'1% del fatturato rispetto al 2019, quando il fatturato è stato di 48,5 miliardi di euro. Covid-19 ha giocato un ruolo fondamentale, poiché ha portato elementi sia negativi che positivi. Si stima che nel 2020, in Italia, oltre 390.000 imprese del commercio e dei servizi di marketing non alimentari chiuderanno purtroppo definitivamente i battenti, mentre solo 85.000 riapriranno. Un risultato negativo per il quale, purtroppo, tutto il mondo dovrà pagare. Tra questi dati poco invidiabili, ve ne sono altri incoraggianti per la ripresa economica. Rispetto al 2020, la maggior parte delle aziende di e-commerce intervistate (54%) ha percepito una diminuzione del fatturato a causa della pandemia, il 21% ha visto un aumento e il 25%

non ha visto un indice significativo. A differenza dei dati di marzo, il 2020 si è chiuso con il 68% delle aziende che hanno dichiarato un aumento del fatturato (la variazione media del fatturato è stata del 56%).

Principali modelli di business

Il settore online è ancora in evoluzione. I cambiamenti tecnologici sono rapidi, dinamici e costanti e creano nuove esigenze. Per soddisfare le diverse esigenze dei venditori, esistono diversi modelli di business, ciascuno con le proprie specificità. A seconda di come vengono generati i ricavi, di come avviene lo scambio tra acquirente e venditore e di come vengono gestite le scorte e gli acquisti, le aziende possono scegliere un modello di business piuttosto che un altro.

- D2C: diretto al consumatore

D2C: Direct-to-Consumer si riferisce a un modello di business in cui un'azienda produce un prodotto nella propria fabbrica e lo distribuisce direttamente ai consumatori esclusivamente attraverso i propri canali (ad esempio, e-commerce, profili social o vendita al dettaglio). Ciò comporta principalmente l'eliminazione di rivenditori, produttori e altre aziende che spesso fungono da intermediari tra il marchio e il cliente finale. Questo modello di business è in qualche modo simile al metodo B2C, che a prima vista appare simile, forse perché entrambi i metodi prevedono il contatto diretto con il consumatore finale, ma a differenza del modello B2C, in cui la maggior parte delle aziende sono distributori o intermediari, nel modello D2C ogni fase della vendita è svolta dall'azienda stessa, dalla produzione del prodotto alla sua distribuzione finale al cliente, senza affidarsi ad alcun intermediario. La differenza essenziale tra D2C e B2C è che il D2C è sempre B2C, mentre il B2C non è sempre D2C. I vantaggi del modello D2C dipendono in parte dal settore in cui opera l'azienda, ma sono tra i più comuni:

- Accesso più mirato ai dati dei clienti, in quanto il modello D2C implica il controllo di tutte le fasi della distribuzione e della produzione, quindi chiaramente implica anche la raccolta di un'enorme quantità di dati sui clienti e la possibilità di gestire liberamente iniziative di fidelizzazione specifiche e personalizzate;

- Gestione dei canali di vendita diretta, che

vi dà la libertà di decidere quando e come lanciare nuovi prodotti, senza restrizioni da parte di terzi;

- Maggiori opportunità di test dei prodotti, come menzionato nel punto precedente, che consentono di testare nuovi prodotti con maggiore frequenza e di valutarne l'efficacia attraverso feedback, newsletter e social media;
- Maggiore livello di personalizzazione del prodotto, un rapporto diretto con il consumatore finale permette di ottenere direttamente da lui le informazioni necessarie per realizzare il prodotto più desiderabile;
- Maggiore controllo sui margini, poiché la riduzione dei costi di intermediazione aumenta i margini di profitto, dato che i profitti non vengono condivisi con il produttore o il distributore.

D'altra parte, le due maggiori sfide per l'e-commerce D2C sono: Da un lato, la presenza online, poiché oggi è molto difficile differenziarsi e affermarsi in questo grande mare dell'e-commerce, dove, oltre a sviluppare un sito web innovativo con un design moderno e user-friendly, è molto importante concentrarsi sulla strategia di marketing da adottare per distinguersi dalla concorrenza; dall'altro lato, ci sono le responsabilità legate alla distribuzione, perché senza grandi nomi che sostengono il vostro marchio (come Amazon, Sephora o qualsiasi altro grande rivenditore), è più difficile far risaltare il vostro marchio, in quanto siete effettivamente responsabili dell'imballaggio, dell'organizzazione delle spedizioni, della gestione dei magazzini e di tutto il resto.

Un buon esempio di modello direct-to-consumer è il produttore di cosmetici Glossier, che ha basato la sua gamma su ingredienti di alta qualità e privi di sostanze chimiche. Come marchio direct-to-consumer, Glossier vende solo attraverso il suo sito web e utilizza i suoi canali sociali per aumentare la consapevolezza del marchio e sponsorizzare i suoi prodotti. Glossier non risparmia il supporto di una complessa rete di rivenditori, ma investe tutti i suoi sforzi e le sue risorse nella costruzione di una piattaforma online, che è molto utile grazie alla sua forte presenza sui social media.

- White label e private label

Il termine "White label" si riferisce a un prodotto o servizio generico creato da un produttore e poi acquistato da uno o più distributori, che possono dare un marchio e un nome al prodotto e venderlo come proprio. Per molte aziende questa può essere una soluzione vantaggiosa, in quanto non devono produrre un prodotto fisico e possono concentrare i loro sforzi e le loro risorse sul branding e sul marketing. Con il marchio privato, invece, il rivenditore si rivolge al produttore per creare un prodotto unico che viene venduto in esclusiva. In breve, entrambi i modelli commerciali consentono ai rivenditori di concentrarsi sul marketing, mentre i produttori si occupano del processo di produzione. Questi due modelli possono sembrare simili e persino assomigliarsi per alcuni aspetti, ma sono molto diversi.

Le principali analogie includono il fatto che la produzione dei prodotti è esternalizzata a un produttore terzo; in entrambi i casi il rivenditore ha il pieno controllo sulla strategia di marketing e può dare al prodotto il nome e l'immagine che desidera; e infine il fatto che i produttori, una volta concluso l'accordo, non hanno un marchio sul prodotto o servizio che vendono, sia attraverso i modelli White label che private label. La differenza fondamentale è l'esclusività, che è la principale differenza tra i due modelli. A differenza dei marchi privati, con i marchi bianchi è il fornitore a determinare le caratteristiche del prodotto, il packaging e altri elementi essenziali. Anche se alcuni produttori offrono piccole opzioni di personalizzazione, la scelta per i clienti è ancora molto limitata. Nel caso delle private label, è il rivenditore ad avere il pieno controllo sulla produzione del prodotto e su tutto ciò che ruota intorno ad esso: packaging, design del prodotto, materiali, componenti, assortimento, ecc. Questo significa che un prodotto White label è disponibile nella stessa forma per diversi rivenditori, e l'unicità di questi prodotti dipende dall'immagine e dal nome che i rivenditori utilizzeranno. Mentre i prodotti a marchio privato sono fabbricati esclusivamente per un singolo rivenditore specifico, secondo le sue specifiche definite e stabilite. Tra i principali motivi per cui molti scelgono quest'ultimo modello di business ci sono: gli alti margini di profitto offerti dalla possibilità di trattare direttamente con il produttore, saltando gli intermediari; il controllo sulla produzione, in quanto i produttori lavorano secondo le vostre istruzioni e consegnano il prodotto secondo le vostre aspettative; e il controllo sulle vendite, in quanto avete il pieno controllo del processo di vendita online attraverso il vostro e-store o vari marketplace. D'altra parte, c'è la questione dell'ordine iniziale: la maggior parte dei produttori stabilisce una "barriera all'ingresso", cioè un numero minimo di pezzi da produrre, prima dell'inizio della collaborazione. Se sbagliate i calcoli, rischiate di avere un magazzino pieno di merce invenduta che non potrete restituire perché il prodotto è stato pre-personalizzato. Un altro svantaggio è la forte dipendenza dal produttore, in quanto la creazione del prodotto è nelle mani di una terza parte.

D'altra parte, il White label è un modello ancora più semplice ed economico, in quanto il prodotto è già sviluppato, il rivenditore non deve fare ulteriori ricerche e il profitto potenziale è maggiore. Inoltre, come abbiamo già sottolineato, quando parliamo di White labelling non ci riferiamo solo a una categoria di prodotti, ma anche a un servizio. Con il White labelling è possibile avere una soluzione definitiva per le proprie esigenze aziendali in tempi brevissimi, perché si tratta di un prodotto preconfezionato. Ciò è particolarmente comune nel settore tecnologico, dove il processo di sviluppo di nuove soluzioni può richiedere mesi o addirittura anni. Anche le aziende più affermate hanno spesso bisogno di cambiare e il passaggio a una piattaforma tecnologica pubblicitaria White label può essere una soluzione interessante.

- All'ingrosso

Il commercio elettronico all'ingrosso è solitamente una pratica business-to-business (B2B), in cui un grossista offre a un'altra azienda uno sconto sulla vendita dei suoi prodotti all'ingrosso. Il grossista è solitamente un intermediario nella catena di fornitura tra il produttore e il distributore o il rivenditore. In precedenza, il processo di vendita B2B richiedeva ai venditori di stabilire relazioni a lungo termine con i potenziali clienti anche per le collaborazioni più semplici. Tuttavia, con lo sviluppo dell'e-commerce, la situazione è cambiata e le aziende B2B che hanno optato per il commercio online godono di una serie di vantaggi. Uno dei principali vantaggi è sicuramente l'automazione dei processi manuali. Con la piattaforma giusta, compiti come il check-out, la fatturazione e la gestione dell'inventario possono essere svolti autonomamente utilizzando modelli self-service sul sito web (ad esempio, l'elaborazione di ordini di grandi dimensioni), mentre i dipendenti possono dedicare le loro energie ad altre attività aziendali come il marketing digitale e il servizio clienti. Un'altra caratteristica è la possibilità di raggiungere i clienti in qualsiasi parte del mondo attraverso il sito web anziché una sede fisica, ottenendo così dati e approfondimenti sui clienti (informazioni molto utili per pianificare campagne di marketing, combinazioni di prodotti e altri aspetti strategici). Inoltre, il servizio ai clienti può essere migliorato ottimizzando la loro esperienza in negozio con promozioni personalizzate, consigli sui prodotti e offerte dettagliate. Senza dimenticare la possibilità di vendere e acquistare via cellulare. Questo cambiamento può essere attribuito principalmente all'arrivo dei millennial, dato che quasi la metà di tutti gli acquirenti B2B saranno millennial nel 2020, quasi il doppio rispetto al 2012.

Come già accennato, la vendita all'ingrosso è una pratica business-to-business, ma molti rivenditori la offrono ai consumatori attenti al portafoglio in un contesto B2C. Un esempio è Mountain Crest Gardens, un'azienda fondata a metà degli anni '90 nella California settentrionale e specializzata nella vendita di piante grasse. All'epoca, l'azienda familiare era composta da tre persone (il proprietario Matt Jopson, sua moglie e suo figlio, laureato in gestione aziendale) e riusciva a malapena a mantenere un fatturato positivo. Circa sei anni fa, tuttavia, l'attività ha iniziato improvvisamente a crescere e il figlio di Matt si è reso conto che aveva bisogno di una piattaforma di e-commerce che fornisse al suo pubblico un'esperienza di interazione positiva, ma soprattutto che permettesse all'azienda di crescere. Inoltre, non era più concentrato solo sul mercato B2C, ma voleva creare opportunità per i grossisti e persino un'opzione di abbonamento.

Questo dimostra che adottare un tipo di e-commerce o un modello di business non significa necessariamente escluderne un altro, ma trovare il giusto mix di elementi che insieme forniscono il giusto equilibrio e la più ampia possibilità di crescita aziendale. Da allora, Mountain Crest Gardens non si è più fermata, crescendo fino a sei dipendenti e un fatturato di 1.176.000 dollari nel 2020.

- Dropshipping

Dropshipping deriva dalle parole "to drop", che significa "cadere", e "shipping", che significa "spedire". Questo modello di vendita al dettaglio consente di vendere prodotti online senza la necessità di possederli fisicamente. Ciò significa che quando un cliente acquista un prodotto sul sito web di un rivenditore di e-commerce, l'ordine viene inoltrato al fornitore, che immagazzina, spedisce e consegna il prodotto per conto del rivenditore. Il funzionamento del dropshipping è molto semplice e consente al rivenditore di concentrarsi maggiormente sul marketing digitale e sulla creazione di una piattaforma semplice, moderna e innovativa. Questo schema presenta molti vantaggi sia per il venditore che per il fornitore, ma, come ogni modello commerciale, non è privo di rischi e pericoli.

4

MARKETPLACE: CATEGORIE, BENEFICI E RISCHI

Il termine "marketplace" è stato originariamente utilizzato in inglese per indicare i mercati negli spazi pubblici, ma oggi, nonostante il suo significato simile in passato, viene utilizzato in un contesto diverso, più tecnologico. Un marketplace (o e-marketplace) è una piattaforma online messa a disposizione da un'azienda fornitrice ad altre aziende per commercializzare i propri beni e servizi pagando una commissione sulle vendite o un abbonamento. Quindi, se un e-shop è una vetrina digitale per un marchio, i marketplace sono una sorta di centro commerciale digitale dove i consumatori possono sfogliare milioni di prodotti di diversi marchi e categorie. Questa struttura funge quindi da intermediario attraverso il quale acquirenti e venditori si incontrano e fanno affari.

Chiaramente, a seconda dei partecipanti, possono essere di diverso tipo. Ad esempio, le transazioni di compravendita che avvengono esclusivamente tra singoli utenti privati definiscono un mercato C2C (consumer-to-consumer), le transazioni che avvengono tra un'azienda che espone i propri prodotti e il consumatore finale che li acquista definiscono un mercato B2C (business-to-consumer), mentre le transazioni commerciali tra aziende in alcuni mercati implicano l'esistenza di un mercato B2B (business-to-business). Un'altra classificazione che può essere fatta si basa sulle diverse categorie di prodotti presenti sul mercato. In questo caso, avremo due diversi tipi di piattaforme:

- Mercati verticali: questi tipi di piattaforme sono specializzati in una nicchia specifica e trattano prodotti di una determinata categoria. Un esempio è Zalando, dove è possibile acquistare esclusivamente abbigliamento e accessori;
- Mercatino orizzontale o generale: queste piattaforme offrono un'ampia gamma di prodotti di diverse categorie. Ad esempio AliExpress, dove gli utenti possono acquistare di tutto, dall'abbigliamento ai

dispositivi elettronici, ai gadget, ai gioielli, ai prodotti per la casa, agli animali domestici e persino agli strumenti per il fai-da-te.

La terza classificazione da considerare si basa sul tipo di merce venduta:

- Mercati di servizi: si tratta di piattaforme su cui è possibile acquistare i servizi dei freelance, come ad esempio Fiverr: una piattaforma online che consente ai freelance di offrire i propri servizi e ai potenziali clienti di trovarli;
- Mercati di prodotti: si tratta di negozi digitali in cui vengono acquistati e venduti prodotti fisici di ogni tipo (ad esempio, Amazon ed eBay);
- Mercato del lavoro: un'altra area in cui queste piattaforme sono molto popolari è la ricerca di lavoro; siti specializzati aiutano i lavoratori a entrare in contatto con le aziende e viceversa.

Dopo aver analizzato i diversi tipi di marketplace,

vediamo le tre strategie principali per vendere sui marketplace:

- Vendita come rivenditore: in questo caso, il marchio o il distributore vende parte dei suoi prodotti al mercato, che diventa di fatto il rivenditore, poiché è il rivenditore a effettuare la vendita al consumatore finale. In questo modo, il marchio evita la responsabilità di inserire i prodotti nel catalogo, di immagazzinare la merce e di spedirla o restituirla, obblighi che sono a carico del mercato, dal momento che quest'ultimo ha effettivamente acquistato la merce. Il mercato ha il pieno controllo sul prezzo e sul contenuto dei prodotti;
- Vendere come venditore: il marchio o il distributore vende direttamente al marketplace, il che significa che in questo caso è responsabilità del marchio occuparsi della struttura dei contenuti digitali, del posizionamento dei prodotti, della spedizione, dei resi e del servizio clienti. In poche parole, il marchio sfrutta la visibilità del marketplace per aumentare le vendite e ampliare il proprio bacino di

potenziali clienti, pagando alla piattaforma una commissione sulla vendita di ogni singolo prodotto o abbonamento;

- Affidarsi a un fornitore specializzato: in questo modello, i marchi che vendono sui marketplace si affidano a venditori specializzati o ad agenzie qualificate che dispongono della tecnologia, delle conoscenze, dei requisiti fiscali e dell'esperienza per massimizzare la penetrazione del prodotto o del servizio sui marketplace.

Ora che abbiamo esaminato i diversi tipi di mercati e approcci, è il momento di combinare i punti di forza e di debolezza di ciascun caso da entrambe le prospettive per ottenere un quadro più completo. I vantaggi per chi acquista sull'e-commerce sono evidenti e numerosi, ma questi sono i principali:

- L'accesso a migliaia di prodotti su un'unica piattaforma è molto importante per i clienti che possono soddisfare la maggior parte delle loro esigenze in un unico negozio senza dover cambiare sito per acquistare prodotti diversi;

- Migliori condizioni di spedizione, poiché molte piattaforme spesso si occupano anche della logistica e offrono spedizioni più rapide ed economiche grazie alla loro rete e ai loro collegamenti. Gli svantaggi derivano principalmente dal fatto che la forte crescita del commercio elettronico minaccia l'esistenza dei negozi fisici, che non possono competere con le multinazionali, e dal problema del posizionamento dei prodotti. Poiché l'algoritmo favorisce alcuni prodotti rispetto ad altri, i consumatori potrebbero non vedere nuovi prodotti di qualità eccellente perché non appaiono in cima alle ricerche. Questo fenomeno è ancora più evidente quando il marketplace offre ai venditori ulteriori strumenti di posizionamento e sponsorizzazione;
- pagamenti centralizzati, in quanto il marketplace consente al cliente di acquistare tutti i prodotti presenti nel carrello con un unico pagamento finale, senza dover utilizzare gateway di pagamento diversi per ogni venditore; massimo accesso alle informazioni, in

quanto i siti di e-commerce sono spesso molto trasparenti sulle quantità disponibili in magazzino, sui tempi di consegna previsti e sulle migliori offerte, consentendo al cliente di fare la migliore scelta possibile al momento dell'acquisto;

- Prezzi più competitivi, le offerte migliori si trovano spesso sul mercato, in quanto le strategie di prezzo costringono i venditori a vendere e a praticare sconti di fronte all'intensa concorrenza; - recensioni più obiettive, le recensioni dei clienti tendono a essere più affidabili, il che è fondamentale per guadagnare la fiducia dei clienti e di conseguenza fidelizzarli.

È inoltre interessante analizzare i punti di forza e di debolezza di un'azienda che decide di vendere in mercati diversi. Il più grande vantaggio di vendere sui marketplace è quello di ottenere una maggiore visibilità e, di conseguenza, una più ampia gamma di potenziali clienti. Rafforza il marchio del venditore, in quanto queste piattaforme creano sistemi di valutazione per ogni venditore e possono essere utilizzate per aumentare la credibilità del vostro marchio; - Rafforza la vostra strategia SEO, in quanto i prodotti venduti sui marketplace spesso si posizionano meglio nei motori di ricerca perché l'autorità del loro dominio è maggiore di quella del singolo venditore. Riduzione dei costi, in quanto molti mercati di e-commerce consentono ai venditori di esternalizzare la gestione degli ordini, la creazione di promozioni e la strategia di marketing digitale alla piattaforma, pagando un canone mensile fisso o una commissione per ogni prodotto venduto. Anche in questo caso, non c'è una gestione dei pagamenti: l'acquirente paga sul marketplace ed è la piattaforma a elaborare il pagamento e a inviare il denaro al venditore. Come ulteriore canale di vendita, è certamente importante avere un proprio sito web esclusivo, ma la sponsorizzazione di prodotti nel maggior numero possibile di canali non fa che aumentare la possibilità di espandere la propria attività. Nel cross-selling, il venditore sfrutta le sinergie create con altri venditori che offrono un prodotto simile; il sistema può offrire a un cliente che ha appena effettuato un ordine un prodotto del proprio stock. Se un rivenditore elettronico utilizza un sistema di dropshipping, può continuare con questo modello di business e sponsorizzare allo stesso tempo i suoi prodotti nel rivenditore elettronico.

Dopo questo lungo elenco di vantaggi, vale la pena menzionare i rischi e i pericoli che non mancano in nessun modello di business. Il primo svantaggio è il margine di profitto più basso, poiché, oltre all'elevata concorrenza che fa scendere i prezzi, le commissioni e i costi del mercato stesso devono essere detratti dal profitto complessivo. Il secondo svantaggio è il problema della liquidità, poiché in alcuni marketplace ci vogliono diverse settimane prima che il venditore riceva il pagamento. Un altro aspetto da tenere in considerazione è la difficoltà di comunicare il valore della propria offerta, poiché far parte di un mercato con regole e politiche proprie rende più difficile distinguersi dalla concorrenza.

Inoltre, non avete un contatto diretto con i vostri clienti, il che significa che non disponete dei dati dei clienti e quindi non potete utilizzarli per l'email marketing. Infine, probabilmente l'aspetto più importante: la concorrenza con la piattaforma stessa. Poiché i marketplace sono anche venditori, quando scoprono che un particolare prodotto funziona molto bene, possono liquidare l'azienda che lo ha distribuito e offrire quel prodotto ad altri venditori a un prezzo inferiore. In alcuni casi, anche il marketplace stesso vende il prodotto quando il trader viene rimosso dalla piattaforma.

Lo scenario italiano

In Italia, il numero di consumatori che scelgono il commercio online a scapito dei negozi fisici è in costante aumento. Infatti, lo shopping online è già ben radicato in Italia e, come già detto, ha generato 48,5 miliardi di euro nel 2019, con una crescita del 18% rispetto all'anno precedente. L'italiano medio ha speso 668 euro in acquisti online nel 2019. Inoltre, secondo il rapporto di Casaleggio Associati sullo sviluppo dell'e-commerce in Italia, pubblicato nel maggio 2021, il 73% degli utenti ha effettuato un acquisto su un marketplace, con un picco di oltre il 90% nel Regno Unito, Spagna, Germania, Polonia e Italia. Questi dati dimostrano che i marketplace dominano oggi il mondo dell'e-commerce. Ma non solo: si prevede che i loro ricavi raddoppieranno entro il 2022.

Secondo la Casaleggio Associati, il 45% delle aziende intervistate dichiara di vendere sui marketplace, mentre il restante 55% non ha avuto alcuna interazione con questi canali. Il 32% delle aziende che vendono tramite e-commerce genera meno del 10% del proprio fatturato totale. Nel 19% delle aziende, rappresenta tra l'11 e il 25% del fatturato. Nel 17% delle aziende rappresenta tra il 26% e il 50% del fatturato e nel 17% tra il 51% e il 75%. Solo il 15% delle aziende ha una quota di mercato superiore al 75% del fatturato totale.

Scomponendo nuovamente i dati, ciò significa che per il 32% delle aziende le vendite attraverso i marketplace sono la principale fonte di reddito, con ricavi che rappresentano tra il 51% e forse il 100% del fatturato dell'azienda. Per il 17% delle aziende, la vendita dei propri prodotti o servizi su queste piattaforme rappresenta una parte abbastanza consistente dei propri guadagni (26-50%). Per poco più della metà delle aziende che hanno scelto di introdurre questo canale di vendita nell'e-commerce, per la precisione il 51%, questo canale non è molto importante, in quanto rappresenta solo una piccola parte del fatturato totale (0-25%). Le ragioni di una quota così esigua del fatturato totale di queste aziende possono essere molteplici: una strategia SEO inadeguata, un marketplace non adatto alla nicchia di prodotto o la decisione di affidarsi a un solo marketplace invece che a più piattaforme. Può sembrare che privilegiare un particolare canale di e-commerce rispetto a un'altra piattaforma sia una decisione irrilevante; al contrario, si tratta di una valutazione difficile, perché può facilitare o ostacolare la crescita di un marchio. Le aziende italiane che vogliono passare al digitale privilegiano il colosso americano di Jeff Bezos. Si stima che Amazon venderà 60 milioni di prodotti ai rivenditori italiani tra giugno 2019 e giugno 2020, 15 milioni in più rispetto al periodo precedente.

Al secondo posto c'è eBay, il più grande mercato di aste online, con il 21% delle aziende italiane che sceglie di vendere su questa piattaforma. La quota degli altri sale invece al 21% e comprende M a n o M a n o, IBS, Privalia e l'italiana Japal. Durante la pandemia, i consumatori italiani hanno riscoperto una varietà di mercati locali, seguiti da Facebook (13%), il social media marketplace più popolare al mondo, ePrice (3%), il principale fornitore italiano di tecnologia ed elettrodomestici, e il gigante cinese Alibaba (2%), che è a pari merito con Zalando (2%), il più grande marketplace di abbigliamento in Europa. Per quanto riguarda il numero di marketplace in cui vengono effettuate le vendite contemporaneamente, la maggior parte delle aziende italiane, per la precisione il 43%, sceglie di essere presente in più di un marketplace (2/3), mentre il 30% preferisce scegliere un solo marketplace. Solo il 12% sceglie di essere presente in più di un mercato (4/5) e solo il 15% sceglie di vendere in più di cinque mercati contemporaneamente.

Le piattaforme principali

Dopo aver esaminato le diverse categorie di marketplace, le principali strategie di vendita su queste piattaforme, i numerosi rischi e benefici e aver presentato l'attuale contesto italiano alla luce degli ultimi dati tangibili, rimane solo una domanda: "Cosa sono questi marketplace?". In questa sottosezione verranno presentate le piattaforme di e-commerce più diffuse e utilizzate in Italia e all'estero.

- Amazon

Amazon è il marketplace con la maggiore visibilità e reputazione a livello mondiale e l'e-commerce per eccellenza. Fondata a Seattle nel 1994 come libreria online, Amazon è stata una delle prime aziende a investire nel mercato online e oggi è diventata il più grande mercato di e-commerce del mondo. Il colosso di Seattle ha infatti chiuso il 2020 con un fatturato di 386 miliardi di dollari, in crescita del 38% rispetto al 2019. Amazon consente ai venditori di mettere i propri prodotti sul marketplace e di raggiungere clienti in ogni angolo del mondo attraverso due programmi: FBA e FBM. Il programma FBA (Fulfillment by Amazon) di Amazon è un servizio di stoccaggio e di evasione degli ordini che consente a un rivenditore di inviare tutti i prodotti del proprio inventario a un centro di distribuzione Amazon e di affidargli il servizio di spedizione. Ciò significa che Amazon si occuperà dell'imballaggio e della spedizione di ogni singolo prodotto, nonché dei resi e del servizio clienti. Il programma Fulfillment by Merchant (FBM) di Amazon è un sistema di gestione della logistica in cui il venditore si assume la piena responsabilità dell'immagazzinamento, della spedizione degli ordini, dei resi e del servizio clienti.

È chiaro che quando si utilizza la logistica di Amazon, il marketplace addebita una commissione di adempimento e una commissione mensile per lo stoccaggio dell'inventario, oltre a una commissione fissa per le transazioni compresa tra l'8 e il 15% a seconda della categoria del prodotto venduto, oltre alla commissione fissa per le transazioni compresa tra l'8 e il 15% a seconda della categoria del prodotto venduto. Il programma FBA contiene importanti caratteristiche che possono aumentare il potenziale di vendita dei prodotti, tra cui: la maggiore visibilità di un prodotto spedito tramite Amazon rispetto a un prodotto spedito direttamente dal venditore; la possibilità di sfruttare la logistica Prime di Amazon (tempi di consegna molto rapidi, anche in giornata per alcuni prodotti in determinate aree geografiche); e infine la preziosissima finestra di acquisto, ovvero la parte in cui si trovano i pulsanti "aggiungi al carrello" e "acquista ora". Se volete battere la concorrenza, è essenziale che la vostra offerta sia inclusa nella buy box, poiché l'85% di tutte le vendite avviene attraverso la buy box. Per quanto riguarda i "contro", le varie commissioni per l'elaborazione e la gestione degli ordini possono essere sostanziali. Con Amazon FBM, il grande vantaggio è il margine di profitto più elevato, poiché non ci sono costi aggiuntivi per la gestione dell'inventario. D'altra parte, a parte l'impossibilità di ottenere una scatola da acquistare, questo programma comporta molte più responsabilità rispetto a Fulfillment by Amazon, in quanto è necessario gestire l'intero processo di vendita, dallo stock al servizio clienti. Fattori che non sono necessariamente negativi, in quanto un'azienda che ha già un negozio elettronico (il 90% delle aziende presenti sul marketplace) può sfruttare l'alta visibilità che questa piattaforma comporta e trattare l'ordine ricevuto come un qualsiasi altro ordine ricevuto dal proprio negozio elettronico, riducendo così i costi necessari per sfruttare questo marketplace. Inoltre, grazie alla versione FBM, è possibile beneficiare del servizio di consegna

Prime anche se non si utilizza la logistica di Amazon. Il programma si chiama SFP (Seller Fulfilled Prime) e richiede un periodo di prova compreso tra 5 e 90 giorni, durante il quale gli ordini devono essere evasi con consegna in due giorni, oltre ad altri requisiti, senza costi aggiuntivi per i clienti Amazon Prime.

Inoltre, sono disponibili due diversi piani per vendere su Amazon: l'account Basic è destinato ai venditori inesperti che possono vendere fino a 40 prodotti al mese, con una commissione di chiusura fissa di 0,99 euro e una commissione di vendita aggiuntiva a seconda della categoria di prodotto. Mentre l'account pro è destinato ai venditori professionisti con un canone mensile di 39 euro e una commissione sulle vendite che dipende dal prodotto venduto.

- EBay

Fondata a Parigi il 3 settembre 1995 da Pierre Omidyar, eBay è oggi il mercato di compravendita consumer-to-consumer (C2C) più famoso al mondo. Si tratta di una piattaforma online che consente agli utenti di vendere e acquistare prodotti nuovi e usati in qualsiasi momento e con diverse modalità: vendite a prezzo fisso e vendite a prezzo dinamico, comunemente chiamate "aste online". Tuttavia, eBay è anche una piattaforma commerciale B2C (Business to Consumer) e C2C, il che significa che consente alle aziende di vendere prodotti e servizi sulla sua piattaforma online. Per iniziare a vendere su eBay, è sufficiente registrarsi gratuitamente sulla homepage. Per i venditori abituali, eBay offre due opzioni: creare un profilo di venditore non professionale o aprire un negozio di base non professionale. Con la prima opzione, un utente può creare un massimo di 50 inserzioni gratuite Compralo Subito o Asta, e il prezzo per inserzione sarà di 0,35 € alla fine dell'asta. Con la seconda opzione, un utente può utilizzare 100 inserzioni gratuite, e gli verranno addebitati 0,15 € per la successiva modalità Compralo Subito e 0,35 € per la modalità Asta. Per i venditori professionali, eBay offre tre diverse opzioni:

- Negozio base: 19,50 €/mese, 400 inserzioni gratuite di Compralo Subito al mese (0,10 € per inserzione aggiuntiva) e 40 inserzioni gratuite al mese in modalità asta online (0,50 € per inserzione aggiuntiva);
- Premium Shop: 39,50 €/mese, 10.000 post

gratuiti di Compralo Subito al mese (0,05 € per post aggiuntivo) e 100 post gratuiti al mese sotto forma di asta online (0,50 € per post aggiuntivo);

- Premium Shop Plus: 149,50 €/mese, un numero illimitato di messaggi gratuiti di Compralo Subito e 250 messaggi gratuiti di aste online al mese (0,50 € per ogni messaggio aggiuntivo).

Oltre ai vari costi mensili associati all'ottenimento di un negozio sulla piattaforma, il venditore deve anche tenere conto delle commissioni applicate da eBay per la vendita di ogni singolo prodotto (una percentuale che varia a seconda della categoria merceologica). A differenza di Amazon, eBay è una piattaforma che agisce solo come intermediario e quindi non dispone di una propria logistica, di un proprio magazzino o di negozi fisici. Tuttavia, dispone di una serie di servizi e soluzioni di integrazione che supportano e semplificano le attività di vendita, grazie a una fitta rete di partner. Tra i più importanti ci sono i servizi dei Gold Solution Provider che lavorano a stretto contatto con eBay: ad esempio Fastbay e Maxpho, che aiutano i venditori a gestire le offerte e gli ordini; Ready Pro, un sistema che gestisce l'intero processo, dalla creazione delle offerte all'importazione degli ordini e all'elaborazione delle restituzioni, attraverso una connessione diretta con eBay; e Webinterpret, una soluzione su misura per supportare i venditori nella vendita sui mercati internazionali.

Inoltre, i venditori hanno la possibilità di sincronizzare il proprio inventario di e-commerce con la piattaforma eBay tramite sistemi CMS come Magento, Prestashop e WooCommerce (disponibili anche su Amazon Marketplace).

- Zalando

Zalando è stata fondata nel 2008 a Berlino, in Germania, da Robert Gentz e David Schneider. Zalando ha iniziato come rivenditore di scarpe online, si è espanso verso l'abbigliamento e gli accessori e ora opera in 23 paesi, tra cui Germania, Francia, Italia, Regno Unito, Paesi Bassi, Svezia, Polonia e Belgio. Oggi è il più importante mercato verticale B2C nel settore della moda in Europa, con circa 45 milioni di utenti registrati, 180 milioni di visitatori mensili e un fatturato di circa 8 miliardi di euro nel 2020. Tra i marchi di lusso figurano Just 34 Cavalli,

Versace Jeans Couture, Emporio Armani e Michael Kors. Per iniziare a vendere come partner su Zalando, è necessario inviare una richiesta a partnerprogram@zalando.it. Pertanto, nell'ambito del programma partner, tutte le fasi di vendita sono a carico del marchio/rivenditore: progettazione del catalogo, spedizione, servizio clienti, resi, ecc. Zalando ha recentemente dichiarato che il programma partner sarà il modello commerciale principale fino al 2023. Questo modello è molto simile al programma FBA di Amazon, in quanto non solo consente ai partner di utilizzare la piattaforma online di Zalando, ma permette loro di beneficiare dell'infrastruttura logistica del marketplace, dell'evasione degli ordini e del servizio clienti. Il marketplace tedesco è una vetrina irrinunciabile per tutti i marchi di moda e lifestyle, in quanto è una destinazione d'acquisto popolare che non deve offrire grandi sconti, offre la restituzione gratuita entro 100 giorni (il che contribuisce a ridurre l'attrito nel processo d'acquisto), dispone di algoritmi sofisticati per suggerire prodotti che riflettono i gusti e le preferenze individuali ed è un canale orientato alla sostenibilità (escluderà dalla piattaforma tutti i marchi che non soddisfano rigorosi standard etici e di sostenibilità entro il 2023). In termini di costi, il partner deve pagare le commissioni, che variano a seconda della categoria e del prodotto. In generale, queste commissioni sono inferiori a quelle di Amazon ed eBay. È il caso delle scarpe, per le quali la commissione su Amazon è del 15% e su Zalando del 5% del prezzo totale.

- Etsy

La piattaforma è nata nel giugno 2005 dall'idea di Robert Kalin, un giovane di 24 anni con la passione per la pittura e la fotografia, che realizzava mobili su misura ma non riusciva a trovare una piattaforma per esporre adeguatamente i suoi prodotti. In effetti, portali come eBay (che all'epoca era già ben avviato) erano orientati alla vendita di oggetti prodotti in serie. Così è nato Etsy, noto anche come "mercato degli artisti", una piattaforma online che mette in contatto artigiani e hobbisti di tutto il mondo con i loro potenziali clienti. Nel corso degli anni, Etsy ha avuto una crescita rapida e costante; oggi conta 33 milioni di utenti in tutto il mondo (un numero elevato di utenti se si considera che i venditori sono piccoli produttori o singoli individui con pochi prodotti) ed è il mercato numero uno per l'artigianato, l'antiquariato e gli articoli vintage. Per vendere su Etsy, i prodotti devono essere fatti a mano, antichi (almeno 20 anni), da collezione o vintage; in due semplici parole: originali e unici. Iniziare a lavorare su Etsy è molto semplice ed economico, in quanto è sufficiente registrarsi per aprire un negozio e le tariffe applicate dalla piattaforma sono più basse rispetto ad altri marketplace. Partendo dal principio dell'assenza di spese mensili, gli unici costi associati alla vendita sono i seguenti: una tariffa di inserzione di 0,17 € (durata dell'inserzione: 4 mesi), una commissione del 5% per ogni vendita effettuata e una commissione per l'elaborazione dei pagamenti del 4% + 0,30 € per transazione se il venditore sceglie di accettare pagamenti tramite Etsy Payments. Per i venditori che scelgono di pubblicizzare i propri prodotti attraverso inserzioni esterne al sito, compresi i risultati dei motori di ricerca, le app, i social media e i siti dei partner editoriali di Etsy, la commissione si applica alle vendite generate esclusivamente attraverso questi tipi di inserzioni.

- EPrice

EPrice è il primo marketplace italiano specializzato in elettronica ed elettrodomestici. Fondata nel 2007, EPrice ha un catalogo di oltre 5 milioni di prodotti e vende prodotti per la casa, l'arredamento, gli elettrodomestici, la telefonia, l'informatica, il ciclismo, le moto e le auto non solo in Italia ma in quasi tutti i Paesi europei. Dalla sua creazione, il mercato si è evoluto costantemente e regolarmente, con i vantaggi dell'assistenza clienti, di commissioni più basse rispetto alla media del settore e di una varietà di opzioni di ritiro e consegna. Per iniziare a vendere sulla piattaforma, è necessario compilare un modulo e attendere la conferma. Una volta approvata la domanda, il venditore ha la possibilità di effettuare una prova gratuita di tre mesi. Il venditore può scegliere tra due diversi piani: un abbonamento mensile di 29,90 euro, che consente di vendere solo in Italia (4 milioni di clienti al mese), oppure un abbonamento di 39 euro, che consente di vendere anche in Europa (43 milioni di visitatori unici al mese). Inoltre, la commissione sul prodotto venduto dipende dalla sua categoria e generalmente varia dal 5 all'8%. Un altro grande vantaggio di questo marketplace è rappresentato dalle spedizioni e dai resi, in quanto ePrice offre resi gratuiti entro 14 giorni dalla consegna e diversi metodi di spedizione su misura per il cliente:

- Per la consegna su strada, il cliente fissa

un appuntamento e il prodotto viene consegnato a domicilio;

- Consegna e installazione su appuntamento, il servizio di consegna comprende l'installazione del prodotto acquistato e la rimozione dei prodotti usati e degli imballaggi;
- Consegna espressa su strada, il cliente riceve il pacco entro 24-48 ore previo accordo;
- Locker InPost, la possibilità di ritirare un ordine già pagato presso gli sportelli automatici di ePrice (circa 300 punti di consegna automatica);
- Pick&Pay, il cliente può pagare alla consegna o presso il negozio di sua scelta, che è disponibile (circa 130 punti di consegna).

- Fruugo

Fruugo è stata fondata in Finlandia nel 2006 e successivamente acquisita dalla società britannica DTL per creare un mercato generale a livello internazionale. Oggi Fruugo è venduto in 32 Paesi, tra cui Stati Uniti, Australia, Cina, Giappone, India, Russia e Belgio, conta 4 milioni di visite mensili e, con oltre 25 milioni di clienti attivi, rappresenta una grande opportunità per iniziare a fare business in nuovi mercati. La piattaforma è inoltre dotata di una tecnologia avanzata in grado di tradurre automaticamente i contenuti in 17 lingue diverse e di convertirli in 22 valute diverse. Per diventare un venditore sulla piattaforma di Fruugo è necessaria una registrazione e la sua politica "nessuna vendita - nessuna commissione" è un grande vantaggio per il venditore, che non ha costi di abbonamento mensili e deve pagare solo la commissione del marketplace per i prodotti venduti e un'ulteriore commissione di elaborazione del 2,35% del valore della transazione.

- Allegro

Allegro è il mercato numero 1 in Polonia. Fondato nel 1999 come sito di aste online, si è presto trasformato in un centro commerciale online generale che copre varie categorie di prodotti, dalla moda alla cura della persona, dalla tecnologia ai servizi finanziari e immobiliari. Con circa 200 milioni di visitatori al mese e più di 20 milioni di utenti registrati, Allegro genera più dell'80% delle vendite online nel suo Paese e prospera e domina nonostante la presenza di giganti come Amazon ed eBay. Inoltre, Allegro è il marketplace più affidabile in Polonia grazie all'accettazione della valuta polacca e alla possibilità di pagare alla consegna. Inoltre, è un mercato per l'acquisto di capi d'abbigliamento con particolare attenzione ai prodotti italiani, non solo dei marchi più famosi come Emporio Armani o Versace, ma anche di piccoli produttori, purché di alta qualità e made in Italy. Per iniziare a vendere su questa piattaforma, è necessario creare una scheda tecnica per ogni prodotto con tutte le informazioni richieste dal marketplace, avere un conto PayU, poiché l'unica valuta accettata è lo zloty, e un sito web polacco. Come su tutti i marketplace, le commissioni variano a seconda del prezzo finale e della categoria del prodotto. Per avere un'idea più precisa delle spese, Allegro ha preparato un calcolatore automatico.

5

COME FUNZIONA IL DROPSHIPPING?

Come funziona il dropshipping? Cosa deve fare un imprenditore per entrare a far parte del mondo dell'e-commerce? Vediamo passo dopo passo cosa occorre fare e considerare.

Supponiamo che siate un imprenditore (rivenditore) e che abbiate già un numero di partita IVA e abbiate già seguito tutte le procedure burocratiche. Decidete di entrare nel mondo dell'e-commerce e il modello del dropshipping è quello che più vi si addice e soddisfa le vostre esigenze. Create un sito web, preferibilmente attraente, con cui gli utenti possano interagire senza troppe difficoltà.

Identificate uno o più fornitori (dropshipper) affidabili e disposti a lavorare con voi e a fornirvi i loro prodotti. Pubblicizzare i prodotti in questione sul sito di e-commerce. Se l'acquirente decide di acquistare il/i prodotto/i di cui sopra ed effettua un ordine con pagamento, il Dropshipper deve essere contattato e informato in modo che disponga il processo di spedizione dal suo magazzino all'acquirente (consumatore finale). Il prodotto che il cliente riceve dopo la spedizione può avere i segni di riconoscimento del rivenditore, cioè della persona che possiede il sito web su cui è stato effettuato l'ordine, oppure può non esserci nulla sul prodotto che possa essere collegato al rivenditore (questa opzione viene concordata all'inizio quando il rivenditore e il dropshipper si accordano).

Con questo metodo, il produttore può addebitare solo il costo "netto" della vendita e aggiungere la commissione del dropshipper al prezzo finale. Se in questo modo rimanete solo un intermediario, potete trarre notevoli vantaggi finanziari dalle commissioni del dropshipping.

In particolare, ci sono alcuni passaggi da non trascurare se si vuole creare un sito web di successo e utilizzare il modello del dropshipping con successo e profitto. Ad esempio, come facciamo a sapere quali sono i prodotti richiesti dal mercato prima di imbarcarci in questa grande avventura online? O cosa è meglio vendere o non vendere? E ancora, è meglio vendere un po' di tutto o essere più orientati al settore?

Gli esperti di dropshipping consigliano sicuramente di ricercare e creare una nicchia che sia gestibile, coerente con le proprie competenze e interessi e solida in modo da diventare redditizia. Come dovrebbe essere questa "nicchia"? Prima di tutto, bisogna assicurarsi che non sia saturo, in quanto ciò evita una forte concorrenza e garantisce che prenda il suo posto nel mercato. Per essere redditizio, deve anche essere visibile, quindi deve essere ampiamente pubblicizzato e mostrato frequentemente agli utenti sui motori di ricerca e sui social network. In breve, il vostro negozio online in dropshipping dovrebbe essere sulla bocca di molti! Per aumentare la positività del messaggio pubblicitario e quindi l'affezione degli utenti al sito, è consigliabile fissare un prezzo non troppo alto nella fase iniziale e calcolare attentamente tutti i costi, in modo da avere subito un'idea della stima dei ricavi e di eventuali miglioramenti o modifiche.

Una volta progettato il sito web e selezionati i fornitori, è necessario applicare il modello di dropshipping. Dopo aver ricevuto l'ordine della merce che l'utente vuole acquistare, il venditore deve verificare la disponibilità, anche se la sede del magazzino è in outsourcing: è quindi sempre buona norma contattare il fornitore di dropshipping e informarlo dell'ordine. Una volta contattato, il dropshipper è responsabile della consegna del prodotto all'utente. Il prodotto deve essere consegnato entro i termini concordati al momento dell'acquisto e con fattura se richiesta dall'acquirente. Il dropshipper è anche responsabile della gestione di cambi e resi.

Non meno importante degli altri è la valutazione della soddisfazione del cliente. L'e-commerce e la sua efficacia si basano sulle recensioni positive o negative dei clienti: molte recensioni negative ridurranno ovviamente le vendite, e poiché il web è accessibile a chiunque in qualsiasi momento e in qualsiasi luogo, il successo può essere importante anche in termini di numeri, e il fallimento può essere altrettanto importante. Il feedback non è ovviamente obbligatorio e non tutti i clienti lo lasciano sempre. Come possiamo cercare opinioni, suggerimenti o materiali per conoscere meglio i nostri clienti? Una chiamata, un'e-mail, un rapido sondaggio o un invito a esprimere opinioni sui social network sono esempi di modi per interagire con il consumatore. In questo modello di vendita, è sempre il rivenditore, mai il dropshipper, a mettere la faccia in avanti. Pertanto, in caso di problemi o domande sulla gestione dell'acquisto, sarà sempre il rivenditore a doversi occupare del problema, anche se il fornitore è effettivamente responsabile del problema (ad esempio, una spedizione in ritardo o un materiale inviato difettoso). Questo è uno dei tanti motivi per cui è necessario sottolineare che il drop-shipper deve essere scelto con attenzione e deve essere affidabile.

Fase di ricerca: prodotto, posizionamento e fornitore

La sfida principale di questo modello di business è trovare la nicchia giusta e i prodotti migliori per il dropshipping. Questa fase di ricerca di mercato è la più importante, poiché le decisioni prese in questa fase determineranno il successo o il fallimento dell'attività di e-commerce. In particolare, il prodotto ideale dovrebbe avere le seguenti caratteristiche:

- Unico o comunque difficile da ottenere;
- Offrire un buon margine di profitto, pari ad almeno il 15-20% del prezzo di vendita;
- Appartenere a una nicchia di mercato non sovrasaturata.

Per capire le esigenze e le preferenze dei potenziali clienti, occorre innanzitutto effettuare una ricerca di mercato per scoprire quali sono i prodotti di tendenza e più venduti. In generale, le categorie di prodotti più popolari e interessanti sono la casa e l'arredamento, la salute e la cura della persona, l'abbigliamento e gli accessori, gli accessori per cellulari, gli accessori per auto, la salute e la cura della persona. Le fonti più utilizzate per queste ricerche sono kickstarter.com e Google trends. La prima è una piattaforma di finanziamento in cui il creatore di un progetto fissa un obiettivo di finanziamento e una scadenza per gli utenti che vogliono investire in quel progetto. Google Trends è uno strumento fornito da Google per vedere la frequenza con cui una particolare parola o frase viene cercata nei motori di ricerca. Inoltre, esistono altri modi per cercare un prodotto potenzialmente vincente. Ad esempio, utilizzando parole chiave pertinenti come vegano, fitness o giardinaggio, si possono sfruttare le numerose comunità online o i forum dedicati all'e-commerce. Un'altra possibilità per trovare nuove idee è quella di esplorare le piattaforme di social shopping come Pinterest ed Etsy, dove i consumatori condividono le loro esperienze di acquisto attraverso like, commenti e raccomandazioni. La navigazione nelle community o nelle piattaforme di social shopping aiuta a comprendere meglio i punti di forza o di debolezza di determinati prodotti attraverso le recensioni dei clienti e i feedback di un determinato negozio.

Ma è importante non pensare che sia sufficiente trovare i prodotti più in voga del momento, acquistarli su siti asiatici come Wish e AliExpress e poi rivenderli semplicemente a un prezzo più alto. Questa argomentazione è sbagliata, perché la vendita di questi prodotti è un segmento di mercato sovrasaturo con una forte concorrenza per ottenere un profitto. La chiave è trovare un prodotto che non sia "troppo mainstream", perché di solito è già offerto dai grandi concorrenti (ad esempio Amazon), ma allo stesso tempo non sia "troppo di nicchia", perché rischia di non ricevere la giusta attenzione. Dovreste quindi cercare un prodotto che ha buone possibilità di diventare un best-seller o un articolo di moda, ma che per vari motivi non è ancora penetrato nel mercato. Tuttavia, questo non significa che dobbiate semplicemente seguire le tendenze del mercato e quindi sostituire il vostro stock con articoli all'ultima moda. Soprattutto perché questo non porterà a una solida identità del marchio, ma piuttosto a un generico negozio di e-commerce che difficilmente godrà della fiducia dei consumatori. Al contrario, invece di concentrarvi sui prodotti di moda, potete trovare ispirazione in un negozio del vostro quartiere che vende, ad esempio, prodotti a base di tartufo. Ciò significa che il drop-shipping non deve necessariamente basarsi sulle tendenze internazionali, ma anche i prodotti locali come il Made in Italy o i prodotti a km 0 possono essere utilizzati per un negozio e-commerce di successo. Sebbene esistano suggerimenti, ricerche e consigli che possono aiutare nella ricerca di un prodotto, non è possibile essere sicuri al 100% del successo di un prodotto finché non è sul mercato. D'altra parte, è difficile per un principiante penetrare completamente in un mercato, quindi è necessario avere pazienza e fare diversi tentativi finché non si trova il prodotto giusto.

Parallelamente alla ricerca del prodotto ideale per la vostra attività, dovete scegliere la giusta nicchia di mercato. Un mercato di nicchia è definito come un segmento di mercato con esigenze e requisiti specifici che non è ancora stato raggiunto dai concorrenti, oppure è stato raggiunto almeno in parte ma in modo non conforme alla domanda. Ad esempio, nel mercato delle scarpe esistono diversi elementi: scarpe da corsa, scarpe eleganti, scarpe vegane, scarpe casual, ecc. Definire una nicchia di mercato significa quindi avere meno concorrenza, il che aumenta l'efficacia delle campagne di marketing e le rende molto più economiche. Inoltre, aumenterà le possibilità che il vostro negozio si posizioni il più in alto possibile nei risultati dei motori di ricerca. Un modo per capire quale sia la nicchia giusta per la vostra attività è quello di guardare ai vostri interessi. In questo modo sarà più facile gestire l'attività perché si è appassionati di ciò che si vende e, se si tratta di un prodotto con caratteristiche specifiche, sarà più facile per l'addetto alle vendite intervenire in caso di criticità o problemi riscontrati dai clienti. Naturalmente, deve essere anche una nicchia redditizia per la vostra attività. Lavorare con un prodotto che ci entusiasma è certamente fantastico, ma se le entrate non sono redditizie, rimane un hobby e non un'impresa. L'obiettivo è trovare una nicchia in cui si possa dominare e che, soprattutto, sia potenzialmente redditizia. La maggior parte dei mercati può essere suddivisa in base alle esigenze e alle preferenze specifiche dei partecipanti. I criteri più comuni per definire una nicchia di mercato sono i seguenti

- Dati demografici: età, sesso, istruzione, reddito;
- Dati geografici: paese, città, residenza;
- Dati psicografici: valori, interessi, comportamenti;

- Prezzo: alto, basso, sconto;
- Qualità: premium, artigianale, media, economica.

La decisione di concentrarsi su un mercato di nicchia è quindi una scelta strategica, in quanto consente di servire meglio il segmento di mercato rispetto ai marchi generici. I mercati di nicchia con buone opportunità di sviluppo e prodotti potenzialmente redditizi sono i seguenti:

- La sostenibilità è diventata un tema caldo tra i consumatori consapevoli. Secondo un'indagine Nielsen del 2020, il 75% dei consumatori italiani ha dichiarato che sarebbe disposto a pagare di più per un prodotto "ecologico". Questa tendenza si sta diffondendo non solo a livello nazionale, ma anche in Europa e a livello internazionale, aumentando esponenzialmente il numero di potenziali clienti. Questa tendenza ha aperto la strada alle versioni vegane, biologiche, verdi e cruelty-free dei prodotti tradizionali. Da questo punto di vista organico, l'impacco per le api è un ottimo esempio di prodotto di e-commerce che potrebbe essere (e forse è) in dropshipping. Bee's Wrap non è altro che un tessuto di cotone biologico al 100% imbevuto di una miscela a base di cera d'api che, una volta raffreddata, diventa impermeabile e resistente. Questo tessuto è ideale per avvolgere e conservare alimenti come pane, formaggio, frutta e verdura (tranne carne e pesce), con una durata di conservazione di circa un anno. L'aspetto interessante di questo tessuto è che è possibile realizzarlo nel forno di casa se ci si procura i materiali giusti, come la cera d'api biologica, la resina di pino e l'olio di jojoba. Si tratta di un'ottima soluzione ecologica e originale per combattere l'uso eccessivo della plastica. Altre idee per prodotti di nicchia sono le cannucce riutilizzabili, i cosmetici cruelty-free e l'abbigliamento per vegani.

- Più della metà della popolazione italiana possiede almeno un animale domestico. Ciò rende questa nicchia di mercato particolarmente interessante. La maggior parte delle persone possiede cani, gatti o uccelli, quindi la concorrenza in questo segmento potrebbe essere forte, ma anche altri animali domestici come pesci, rettili o criceti sono popolari e potrebbero offrire potenziali opportunità. I prodotti di nicchia per i proprietari di animali domestici includono telecamere per la localizzazione degli animali, localizzatori GPS, cibo biologico, prodotti personalizzati, accessori e abbigliamento.

- Benessere e fitness, soprattutto dopo la pandemia di coronavirus, le persone hanno iniziato a prendere molto più seriamente la loro forma fisica e il loro benessere mentale. Le nicchie su cui puntare vanno dagli alimenti e le bevande ai prodotti di bellezza e per la cura della persona. Ci sono anche molte idee di prodotti in vendita: gomme da masticare alla melatonina, caffè ai funghi, massaggiatori, latte d'avena e altro ancora.
- Giochi: è un termine generale che comprende i giocatori di videogiochi, gli appassionati di giochi da tavolo e altri gruppi. Nel mondo ci sono più di 2,7 miliardi di giocatori attivi e quasi la metà di loro spende soldi per il proprio hobby. Inoltre, sempre più donne entrano nel settore, una tendenza che non accenna a rallentare. Le idee di prodotto per questa nicchia di mercato includono prodotti ergonomici per giocare al computer, accessori per personalizzare console e

controller e magliette con i personaggi dei videogiochi.

- Il mercato locale, come già accennato, può essere considerato come una nicchia di mercato per la vostra città o il vostro Paese, che vi offre un vantaggio competitivo iniziale rispetto ai vostri concorrenti. Un buon esempio di negozio in dropshipping è Bottega Sicana. Questo negozio online è il primo a spedire direttamente in tutta Italia e in Europa le specialità alimentari degli artigiani locali, in questo caso i prodotti tipici siciliani. L'idea è molto interessante, perché in questo caso il dropshipper agisce come intermediario e solo come intermediario. La chiave è stata quella di riunire in un'unica piattaforma tutti i prodotti tipici siciliani, dai salumi alle marmellate, ai formaggi, alle conserve, ai sughi, alla pasta e alle confetture. Il risultato è una presentazione originale ed esclusiva di prodotti tipici, realizzati al 100% a mano. Il terzo elemento fondamentale su cui si basa questo modello di business è il fornitore. Questo, insieme alla scelta del prodotto e della nicchia di mercato, è l'aspetto più importante del dropshipping online. La prevalenza di questo modello di business rende facile trovare un fornitore in Italia o nel mondo, ma più difficile trovare un produttore di cui fidarsi al 100%.

La maggior parte dei dropshipper preferisce rifornirsi di fornitori dalla Cina, o comunque da Paesi in cui la manodopera è a basso costo, per poi rivenderli in Italia o in Europa. Questo è il metodo che garantisce il più alto margine di profitto, ma non è certo l'unico, né necessariamente il più redditizio. Al contrario, è una strategia efficace affidarsi a fornitori europei o italiani per promuovere prodotti di fascia alta o con prezzi significativamente più alti. Questo riduce, tra l'altro, i tempi di spedizione e i problemi con le dogane, la cultura e la fiducia dei consumatori. Nella scelta del fornitore è necessario tenere conto dei seguenti aspetti:

- L'affidabilità e la fiducia sono elementi chiave della partnership, così come la qualità dei prodotti;
- Il prezzo dei prodotti non deve essere

troppo alto, altrimenti il margine di profitto sarà minimo;

- Tempi di consegna brevi: i tempi di consegna rapidi sono essenziali nel commercio online;
- Un catalogo dropshipping completo e ben organizzato con tutte le informazioni necessarie per caricare i prodotti.
- Esistono tre canali principali per trovare tali aziende:
- Comunità online dedicate al dropshipping;
- Ricerche tradizionali su Google con parole chiave specifiche come "dropshipping...", "fornitore dropshipping...". O in inglese (molto utile);
- Utilizzate siti di dropshipping noti come Alidropship, Bigbuy o Oberlo.

Queste applicazioni consentono di importare automaticamente i prodotti che si desidera vendere nel proprio negozio (con immagini e descrizioni) e aiutano il dropshipper ad automatizzare alcuni processi, come la gestione degli ordini o l'aggiornamento delle scorte.

6

STRATEGIE DI VENDITA IN DROPSHIPPING

Come ogni attività commerciale che si rispetti, anche il dropshipping ha delle strategie. Scopriamo quali sono.

- SEO

Il SEO è un metodo utilizzato da molti per aumentare la visibilità di un sito web su Internet e migliorarne la posizione nei motori di ricerca (ad esempio Google). SEO è l'acronimo di Search Engine Optimization, che significa "ottimizzazione dei motori di ricerca". La maggior parte degli studi SEO fa riferimento al lavoro di Google, in quanto è il motore di ricerca più utilizzato al mondo. I SEO imparano a conoscere gli algoritmi più utilizzati dal motore di ricerca e ne studiano il funzionamento, senza trascurare gli aggiornamenti e le valutazioni dei siti web. Come funziona una strategia SEO in termini semplici? Supponiamo di cercare un sito web di viaggi su Google e, durante la ricerca, potremmo notare che i siti web che appaiono nella home page sono i più completi, perché pensiamo che, essendo apparsi per primi nella ricerca, siano i più rilevanti. Il motivo per cui un sito appare prima di un altro è che questi siti contengono più parole chiave correlate alla nostra ricerca. Ecco perché un'analisi iniziale delle parole chiave è fondamentale quando si applica una strategia SEO. L'attività principale di un imprenditore-venditore nel commercio elettronico è quella di rendere il proprio sito web visibile al pubblico per invogliarlo all'acquisto. Pertanto, è necessario applicare delle strategie e la SEO può essere un'ottima tattica. Sebbene sia importante rendere il sito web attraente per il cliente, l'arma vincente per la vendita è la visibilità del sito nei motori di ricerca. Senza una buona posizione all'interno di quest'ultima, tutti gli sforzi saranno vani.

- Uso dei blog

L'utilizzo di un blog in cui comunicare con i clienti, fornire informazioni sulle promozioni e altri fatti interessanti sui prodotti venduti, e dare ancora più spazio alle opinioni, può rivelarsi una strategia davvero valida. Anche nel caso dei blog, è fondamentale utilizzare la parola chiave giusta in relazione al prodotto e all'interesse del cliente. Come già detto, la visibilità è il primo passo per garantire le vendite.

- Utilizzo delle e-mail

Questa strategia è consigliata a chi ha già un portafoglio più o meno ampio di clienti abituali o meno abituali, e con una newsletter è possibile informare ogni persona sulle novità o sulle promozioni del proprio sito. Questa strategia è facile e veloce da usare, non richiede grandi sforzi e può ottenere ottimi risultati.

- Utilizzo dei social network

Il funzionamento è molto simile a quello dei blog e l'obiettivo è lo stesso, ma i social network offrono anche una grande piattaforma: sempre più persone la utilizzano.

- Utilizzo della pubblicità a pagamento

Questa può essere una delle prime mosse da fare non appena si apre un'attività di dropshipping, in quanto a volte è necessaria una sorta di "kick-start" per costruire un pubblico e quindi una base di clienti, in quanto il SEO e le altre strategie qui menzionate possono dare i loro frutti a lungo termine, ma dopo un certo periodo di tempo. Quindi, almeno inizialmente, è consigliabile fare un piccolo investimento per creare annunci e banner sui motori di ricerca e garantire la propria visibilità.

Aziende specialiste nel dropshipping nel mondo

Il dropshipping è un sistema utilizzato su larga scala in tutto il mondo per un'ampia varietà di prodotti. Dagli elettrodomestici all'abbigliamento, dall'elettronica agli articoli per la casa. Di seguito è riportato un elenco di aziende di dropshipping in tutto il mondo:

- L'azienda spagnola BigBuy, leader nelle vendite online, offre molti esempi di strategie commerciali e di marketing. I suoi prodotti spaziano dai piccoli e grandi elettrodomestici, ai prodotti da cucina professionali e non, ai prodotti per la cura della persona, ai cosmetici e alla profumeria, e a molti altri prodotti. Questa azienda ha un ampio portafoglio clienti e riesce a mantenere le vendite con le giuste strategie di marketing.

- MiniInTheBox è un grossista di accessori elettronici con milioni di clienti e abbonati e un mercato in crescita.
- AliExpress, un grossista di origine asiatica molto conosciuto nel mondo, ha iniziato la sua ascesa nel mondo del dropshipping online nel 2012 e da allora non si è più fermato. I suoi prodotti spaziano dagli articoli per il bricolage agli accessori per auto e moto, fino all'abbigliamento e alle calzature.

7

QUALI SONO I PRODOTTI PIÙ RICHIESTI?

Una volta che avete deciso di avviare un'attività di Dropshipping online e avete un'idea di come impostare il vostro sito web e di cosa volete ottenere, sarebbe una buona idea fare una piccola ricerca di mercato per valutare quali sono i prodotti più richiesti dai clienti online. Il dropshipping può sembrare complicato all'inizio, ma se lo si utilizza nel modo giusto, con le giuste risorse e le giuste conoscenze, può davvero portare grandi guadagni comodamente da casa. Quali sono gli elementi migliori su cui concentrarsi? Quali sono i più popolari e quali i più redditizi? Di seguito è riportato un elenco dei prodotti più richiesti nell'ultimo anno, classificati in ordine misto piuttosto che in ordine di domanda, secondo una serie di indagini di mercato.

- Portacellulare

Rappresentano un prodotto sempre molto utile e sempre richiesto, in quanto i telefoni sono ormai un oggetto sempre più utile nella vita quotidiana. Se in auto o in moto avete un supporto per il telefono che vi permette di utilizzare il GPS per le indicazioni stradali o di gestire la vostra playlist musicale in modo comodo e, soprattutto, sicuro, oggi è assolutamente insostituibile. Sono disponibili diversi modelli di supporti, da quelli per il cruscotto a quelli per il parabrezza, che possono anche essere adattati a molti modelli di telefono cellulare. Nelle vendite in drop-shipping, è fondamentale assicurarsi di avere un'ampia scelta da offrire al cliente. Oltre alla visibilità, è importante offrire al cliente un acquisto facile e veloce e, soprattutto, un'ampia scelta di prodotti per soddisfare tutte le esigenze.

- Prodotti ortopedici per la correzione della postura

L'intera gamma di prodotti è rappresentata principalmente dai tutori per la schiena, che aiutano le persone a mantenere la posizione corretta della schiena e quindi a evitare tutti i dolori posturali che ne derivano. I prodotti per il benessere e la cura della persona sono molto popolari nell'e-commerce e il dropshipping si sta sviluppando in questa direzione. Questi prodotti sono spesso utilizzati da chi lavora in ufficio tutto il giorno e quindi sta seduto alla scrivania per ore e ore, assumendo inconsapevolmente le posizioni più scorrette per schiena e gambe. Quest'anno, lo sviluppo dello smart working potrebbe incrementare ulteriormente le vendite dei dispositivi di correzione della postura.

- Hoover con USB

Un nuovo prodotto sul mercato che offre la comodità dell'USB e la funzionalità di un'efficace aspirazione della polvere dall'ambiente domestico. In una vita sempre più frenetica e piena di impegni, con sempre meno tempo per la cura della casa, questi prodotti sono sempre più richiesti e apprezzati.

- Cuffie senza fili

Le cuffie Bluetooth sono in voga sul mercato da qualche tempo. Essendo senza fili, sono apprezzati da molte persone e ora ne esistono davvero di tutti i tipi e qualità, in grado di adattarsi a qualsiasi supporto. Come nel caso degli esempi precedenti, il dropshipping può rappresentare una scelta importante in termini di caratteristiche, marchio e prezzo, che può fare o interrompere una vendita. Dato che Apple li ha prodotti per prima, quanto più si avvicinano al modello originale (in termini di caratteristiche), tanto più i clienti li apprezzeranno.

- Termometri

Negli ultimi mesi, il mondo ha assistito alla rapida progressione di una pandemia, che ha portato a regole come la distanza sociale e alcune precauzioni come l'igiene delle mani e la misurazione della temperatura quando si entra in qualsiasi luogo pubblico. Negli ultimi mesi, i termometri auricolari sono stati ampiamente utilizzati al posto dei termometri a infrarossi e le loro vendite sono aumentate. Sempre più stabilimenti non possono più farne a meno e molte persone sentono la necessità di questi dispositivi anche per uso puramente domestico. Sul mercato è disponibile un'ampia gamma di prodotti per tutti i gusti e le tasche.

- Accessori per telefoni cellulari

Tali caricabatteria, ad esempio, sono oggi indispensabili. Come abbiamo già detto, il telefono cellulare svolge un ruolo sempre più importante nella vita di tutti i giorni e quindi in tutte le nostre vite, e gli accessori per cellulari sono una fonte di reddito affidabile nel mondo del dropshipping. Sono disponibili molti prodotti legati al telefono, come caricabatteria magnetici, lenti per fotocamere, cover e custodie e molto altro ancora. Esiste un prodotto per ogni esigenza, e il mondo della telefonia è ormai un mondo di molti tipi diversi: uno stesso prodotto può avere una grande varietà di funzioni e può essere compatibile o meno con un particolare telefono cellulare. I profitti nel dropshipping sono praticamente garantiti e gli accessori per cellulari dominano da tempo il mercato. Come per altri prodotti, maggiore è la varietà e quindi la risposta della domanda, maggiore è la probabilità di vendita.

- Prodotti per il fitness

I prodotti per il fitness sono diventati di recente sempre più dominanti sul mercato. È risaputo che le persone sono sempre più attente a mantenersi in forma e quindi cercano sempre più prodotti per farlo. Anche in questo settore il mercato si è sviluppato molto negli ultimi anni e le aziende hanno brevettato diversi prodotti molto innovativi e interessanti, tanto da interessare praticamente tutti. Ad esempio, chi non ha mai desiderato avere al polso un contapassi o un cardiofrequenzimetro che avesse anche la funzione di orologio? Esistono innumerevoli prodotti di questo tipo e altri simili, che funzionano tramite un'applicazione o semplicemente con le batterie e sono adattati a determinati modelli di telefoni cellulari. In breve, il mercato offre un'ampia scelta anche per quanto riguarda i prodotti per il fitness, quindi un imprenditore in dropshipping non può sbagliare concentrandosi sulla vendita di questi beni di consumo. Inoltre, negli ultimi mesi, i prodotti per il fitness sono stati sempre più utilizzati e quindi richiesti dai consumatori a causa del passato periodo di quarantena. Il fitness e l'attività fisica, e quindi il benessere, suscitano sempre più interesse, quindi si tratta di una parte del mercato da non perdere!

- Altoparlanti Bluetooth

Si tratta di prodotti costosi, ma chiaramente molto apprezzati dai consumatori proprio per la loro praticità e facilità d'uso. In un mondo che ormai si basa sempre più sulla tecnologia wireless, questo è sicuramente un vantaggio su cui investire il proprio interesse e la propria attenzione quando si vende in dropshipping.

Negli ultimi mesi questi prodotti sono stati i più richiesti dai consumatori che acquistano prodotti online. Oltre che dal prodotto in sé e dalla sua utilità per il cliente, le vendite dipendono anche da come il prodotto viene presentato e reso visibile. Per fare un acquisto di successo, oltre a trovare la nicchia giusta, bisogna anche fare attenzione a scegliere il dropshipper giusto: la qualità dei prodotti deve essere mantenuta, la varietà deve essere garantita e il prezzo di acquisto all'ingrosso deve lasciare spazio a un margine di profitto.

8

COME VENDERE

Nella sezione precedente abbiamo visto quali sono i prodotti più popolari sul mercato e quindi quelli che dovrebbero garantire profitti quasi certi. Vendere in Dropshipping in un e-commerce non è certo facile, ma garantisce costi di avvio praticamente minimi. Quando si decide di fare dropshop online, è necessario capire cosa si vuole commercializzare e in quale nicchia si vuole entrare. A questo punto, è necessario chiedersi se si tratta solo di un hobby o se deve essere considerato come un vero e proprio lavoro e quindi come un'importante fonte di reddito. Se si tratta solo di un hobby, ovviamente i guadagni modesti possono essere dati per scontati, ma se si tratta di un vero e proprio lavoro, è necessario dedicare maggiore attenzione e studio al mondo del business e del marketing. È necessario pianificare e pensare attentamente a come organizzare il proprio negozio online, perché ogni dettaglio può essere importante, anche perché la concorrenza è molto agguerrita. Prima di iniziare, è necessario avere idee chiare e un piano aziendale per la propria attività di dropshipping. È essenziale che abbiate un'idea chiara del tipo o del gruppo di clienti su cui volete concentrarvi o che volete attirare e di quali sono i probabili concorrenti che troverete nella nicchia di mercato in cui volete entrare. E quest'ultimo punto è molto importante: a quale nicchia vogliamo rivolgerci? Uomini, donne, giovani, anziani, sportivi, appassionati di elettronica o di auto, amanti della natura o dei viaggi, studenti, ecc. Una volta capito chi vuole raggiungere la nostra azienda, sarà più facile individuare le esigenze dei nostri clienti e stabilire con loro il giusto dialogo. Un buon venditore deve essere in grado di rispondere e identificare le richieste e le esigenze dei consumatori. Quanto più si comprende questo concetto, tanto migliori saranno le vendite. Ad esempio, se ci concentriamo sulla nicchia di mercato degli sportivi o degli appassionati di fitness, prodotti come i contapassi o i pedometri avranno sicuramente successo. Dopo aver identificato il gruppo target di clienti, un buon venditore deve essere in grado di capire cosa i suoi potenziali clienti preferiscono acquistare. All'inizio non è certo facile, ma in rete si trovano molti consigli per farlo. Nelle fasi iniziali, potete scoprire quali sono le esigenze, i gusti e le preferenze dei consumatori osservando quali sono i prodotti di tendenza su siti web come Amazon o eBay. È importante osservare per un po' e magari stilare un elenco appropriato. Prima di iniziare a vendere, è bene ricordare che il successo delle vendite è legato alla capacità di rispondere in modo efficace ed efficiente alla domanda del mercato in base alle esigenze dei consumatori, quindi è sbagliato vendere ciò che si pensa sia vendibile in base ai propri gusti. L'e-commerce in dropshipping deve sempre basarsi sulla domanda del mercato, è l'unico modo per avere successo e fare soldi! Nessun prodotto si vende da solo, ogni vendita richiede un grande lavoro di ricerca di mercato e di marketing. L'imprenditore deve scegliere i suoi prodotti in base alla domanda, alla misura in cui i suoi prodotti possono essere trovati online, ai gusti della nicchia scelta, se vale la pena venderli dato il margine di profitto e se tutti questi aspetti sono oggettivamente realizzabili. Tutti questi punti sono indispensabili per costruire un'azienda su basi solide. Una volta che il venditore ha scelto una nicchia e identificato ciò che vuole vendere, deve stabilire un prezzo, cosa non facile perché la concorrenza è molto alta. Quando si stabilisce il prezzo di un prodotto si devono prendere in considerazione diversi fattori:

- La forza del tuo marchio;
- Il profitto che vuoi e ti aspetti;
- Il tipo di clientela.

Lo scopo di questa attività di dropshipping è sicuramente quello di realizzare un profitto. Dopo aver valutato i punti sopra elencati, è utile valutare quali sono le fonti di spesa, anche minime, all'avvio di un'impresa e quali sono i costi legati alla collaborazione con un fornitore. Una volta determinato il margine di profitto, deve essere aggiunto al costo di gestione dell'attività e avrai il prezzo finale del prodotto venduto al consumatore. Determinare il prezzo non è così semplice come potrebbe sembrare: bisogna tenere conto del tipo di clientela a cui ci si vuole rivolgere. Come accennato prima, dobbiamo cercare di conoscere i nostri clienti e in questo caso capire quanto il cliente è disposto a spendere in media per un determinato prodotto: a volte, ad esempio, il prezzo è determinato semplicemente dalla marca di un determinato prodotto, anche se le caratteristiche sono pressoché le stesse, questo perché viene in considerazione lo stato che il prodotto rappresenta. Inoltre, capiamo se i clienti acquistano senza pensare o fanno varie ricerche, perché la prima categoria rappresenta una fonte di reddito affidabile: l'acquirente impulsivo, se è attratto da come si presenta il prodotto e dal suo prezzo può essere una fonte di reddito sicuro.

Cosa dovresti evitare quando inizi il dropshipping? Sebbene a prima vista questa attività sembri molto facile e immediata, nasconde alcune trappole in cui è meglio non cadere se non si vuole che la propria attività diventi un gigantesco disastro! Quindi cosa dovresti assolutamente evitare?

- Mercati saturi

Come accennato in precedenza, il dropshipping è diventato molto popolare e molte persone ora vendono utilizzando questo metodo. È ovvio che più è semplice avviare un'impresa, maggiore è la concorrenza. Più i prodotti sono difficili da trovare, minore è il rischio di concorrenza. Entrare a far parte di un mercato saturo è davvero rischioso e la probabilità che tu non riesca ad affermarti e quindi a creare clienti a cui vendere è davvero molto alta.

- Scarsa qualità del prodotto

Il fornitore deve essere sicuramente scelto con cura, oltre ad essere affidabile e puntuale, i prodotti che riceve devono essere in ottime condizioni, quindi è bene visionare alcuni dei prodotti in questa forma prima di iniziare la collaborazione. Un modo per avere un'idea più precisa ed evitare sorprese. Agli occhi del consumatore, il responsabile dell'intero processo di vendita è il fornitore, quindi sarà lui il responsabile di qualsiasi problema con la merce (anche se nella realtà del dropshipping è solo un intermediario). La vendita di prodotti di alta qualità è essenziale per la credibilità del venditore e quindi per la pubblicità del suo sito e per il suo mantenimento e/o crescita delle vendite e quindi dei guadagni.

- La spedizione non è veloce

Negli ultimi tempi la velocità con cui un prodotto arriva al consumatore subito dopo l'ordine è una caratteristica molto importante e spesso fa la differenza tra un acquisto o meno. Anche in questo caso, il fornitore è direttamente responsabile, anche se il venditore stesso è responsabile dei ritardi per il consumatore. Stima il tempo di spedizione e la precisione quando avvii la tua attività di dropshipping.

- Dropshipper troppo costoso

Rappresenta davvero una grande limitazione delle attività. Il margine di guadagno fissato all'inizio dovrebbe essere mantenuto il più possibile, ma se i costi non consentono entrate, è opportuno rivedere la visione originaria e cambiare alcuni punti. Se l'operazione è piazzata in modo errato, c'è il rischio non solo di perdita, ma anche di perdita!

Per riassumere quanto detto finora, come avviare un'attività di dropshipping di successo?

- Scegli cosa vendere e a chi venderlo;
- Scegli dove vendere i prodotti e dove pubblicizzarli;
- Scegli un fornitore che soddisfi le tue esigenze, che abbia prodotti di qualità e che fornisca un servizio accurato e affidabile, a costi accessibili,
- Invio ordini al fornitore una volta ricevuti;

- Conduci spesso ricerche di mercato e cerca di conoscere i tuoi clienti;
- Automatizza il tuo business online.

Questo libro mostra le basi per aprire un'attività di dropshipping, una volta capito come funziona e i primi passi che devi compiere, puoi aprire il tuo negozio online. Se ricordi i suggerimenti dati, puoi avviare un'attività di dropshipping di successo e redditizia, lavorando da casa, comodamente e con costi molto contenuti.

9

LA RICERCA DI MERCATO

La ricerca di mercato è definita come un processo il cui obiettivo è identificare una domanda o un'esigenza del consumatore come oggetto di studio e raccogliendo dati al riguardo, successivamente analizzando e sviluppando i risultati ottenuti, ha la possibilità di pianificare strategie di marketing. La ricerca di mercato può essere vista come una guida per tutte le aziende nella vendita dei propri prodotti, quindi è fondamentale metterla in primo piano in qualsiasi attività che si sforza di avere successo. Di conseguenza, le decisioni e le strategie di vendita non saranno più un passaggio vuoto, ma supportate dall'analisi dei dati influenzeranno anche i risultati economici.

La ricerca di mercato è oggi una componente

fondamentale di tutte le imprese, quindi va trattata come un'attività di primaria importanza. Ogni azienda di successo è ben consapevole delle tendenze del settore con cui si occupa, poiché conduce ricerche di mercato. Con questo, segue sempre la domanda dei consumatori ed è competitivo con la concorrenza. Indipendentemente dall'attività commerciale, da ciò che vende, sia che sia appena agli inizi o che sia sul mercato da tempo, le ricerche di mercato sono essenziali per il successo e quindi per guadagnare grazie all'aumento delle vendite. Più in particolare, lo studio dei mercati può aiutare a capire quali sono i desideri e le esigenze dei consumatori. Ad esempio, se si prevede di lanciare un prodotto nuovo di zecca, è utile avere a portata di mano informazioni sui gusti del pubblico per fare previsioni sulla soddisfazione. Inoltre, anche se non hai intenzione di lanciare un nuovo prodotto, se conosci la clientela, quanto è vasta, come percepisce il prodotto e soprattutto se c'è e chi è la concorrenza, può davvero influire sul successo dell'attività o no. Ma quanto costa avviare una ricerca di mercato? Ora che abbiamo finalmente stabilito l'importanza di farlo, dobbiamo capire quali sono i costi. Tutto dipende dal tipo e dalla quantità di informazioni che vogliamo avere, ovviamente, più specifiche e accurate sono le informazioni, più tempo e costi ci vogliono, ma i motori di ricerca come Google e Trends offrono alcune informazioni gratuitamente che tutti possono utilizzare. Tuttavia, considerando i costi del fallimento aziendale a causa di vendite mancate, mancanza di clienti e alta concorrenza, va da sé che conviene investire parte del capitale iniziale in ricerche di mercato, piuttosto che aspettare che sia troppo tardi. Mettere sul mercato un prodotto senza prima chiedersi se il consumatore a cui la nostra offerta è rivolta, serve o a cui interessa è un errore che a volte può essere fatale, ma purtroppo è fatto da molti. Quando inizi a fare ricerche di mercato, devi essere consapevole di determinati concetti, perché devi anche sapere cosa cercare.

- Che tipo di clienti vogliamo rivolgere? Chi è il nostro obiettivo? Nello specifico, chi è? Uomini, donne, giovani, adulti, cosa fanno nella vita, ecc.
- Dove vanno i nostri clienti per trovare informazioni o prodotti online? Usi i motori di ricerca? Un social? un blog? Chiacchierata? Dove navigano in Internet e con che frequenza?
- Che tipo di clienti sono i nostri clienti? Un acquirente impulsivo che acquista tutto ciò

che a prima vista sembra utile e papabile, oppure è una specie di acquirente premuroso che valuta attentamente le caratteristiche, il prezzo e la qualità del prodotto e lo confronta con altri siti concorrenti prima di acquistare il prodotto? Quanto tempo ci vuole in media per effettuare un acquisto? Tengono conto del feedback o danno poca importanza alle opinioni degli altri?

- Che cosa sono interessati a un particolare prodotto? Cosa crea il loro bisogno? Dove ottengono informazioni su ciò che intendono acquistare? Perché li portano lì? Queste risorse poi li influenzano?

La risposta a queste domande fornisce uno schema chiaro e preciso per pianificare le ricerche di mercato. In sintesi, tieni presente il gruppo target di persone a cui ti stai rivolgendo, come contattarle e le tue strategie di comunicazione.

Quali sono i tipi di ricerche di mercato? Ce ne sono tanti, sta a noi scegliere quello che può aiutarci. La scelta dipende dal tipo di azienda che vogliamo essere, dal settore delle vendite, da quali domande dobbiamo risolvere, da conoscere i nostri clienti e il capitale disponibile. C'è da dire che la ricerca di mercato è uno strumento fondamentale, ma non sempre è infallibile. Non sempre hanno il potere di fornire una soluzione specifica a un problema specifico, ma possono aiutare a ridurre il rischio di un prodotto non venduto bene e fornire una base per determinare la strategia di vendita e le relative decisioni. Molte ricerche di mercato si basano sul consumatore stesso, e quindi tutto ciò che riguarda la percezione soggettiva dell'acquirente non trascura i dati raccolti, quindi l'analisi oggettiva è spesso difficile, e i risultati hanno una base affidabile ma non affidabile. Ad esempio, se ci concentriamo sullo studio delle valutazioni di un addetto alle pulizie per la casa e del livello di soddisfazione dei clienti che lo hanno acquistato, questo dipenderà anche dalla percezione soggettiva della pulizia che ogni individuo ha. Pertanto, i dati raccolti saranno sempre e solo affidabili e mai certi, ci saranno divergenze di opinioni e risposte talvolta inattendibili. La scelta del metodo di ricerca di mercato è quindi molto importante per dati accurati. Il metodo di selezione deve basarsi su una chiara individuazione degli obiettivi specifici da raggiungere, per non essere sopraffatti dalla quantità di informazioni che si possono ricevere, e sulla definizione dell'importanza che si vuole dare a questi dati raccolti. Ecco alcune delle strategie di marketing più famose:

- Ricerca basata sulla competitività: che fissano l'obiettivo a cui l'azienda vuole rivolgersi come oggetto di studio, quali sono i punti chiave in azienda che creano interesse, chi e cosa parla della stessa azienda e quindi la pubblicizza, quanto e come se ne parla, su quali canali i clienti cercano informazioni sull'azienda e sul prodotto stesso, e qual è il messaggio che l'azienda vuole veicolare.
- Ricerca basata sul cliente: che hanno come oggetto di studio determinati dati demografici o psicografici, indagini sui consumatori, valutazioni sullo stato di soddisfazione e percezione del prodotto, se il prodotto è utile o meno e quindi se crea una risposta alla domanda del mercato o al bisogno del cliente. Lo stesso. Anche le interviste con le persone fanno parte di questa categoria.
- Trovare esperti del settore: conoscere le strategie e pensare ai leader del prodotto che stai vendendo in dropshipping può

essere informativo e vantaggioso. I dati sull'uso e la soddisfazione degli stessi beni di consumo che vogliamo vendere possono determinare il nostro successo.

- Monitoraggio degli annunci: ricerche di mercato periodiche per monitorare le vendite e le tendenze del marchio.
- Ricerca pubblicitaria: un metodo di ricerca con l'obiettivo di migliorare la pubblicità e quindi la riconoscibilità del prodotto.
- Ricerca del valore del marchio: ricerca come i clienti percepiscono il marchio.
- Test del marchio: indagini sulla soddisfazione dei consumatori sul nome del prodotto.
- Tracciamento oculare commerciale: ricerca sulla percezione visiva del prodotto, ad esempio valutando il packaging e il sito web.
- Bella caccia: ricerca finalizzata a prevedere i cambiamenti nelle tendenze del mercato e nella domanda
- Copia test: analisi del testo pubblicitario.
- Studi quantitativi e qualitativi: per capire meglio la soddisfazione del cliente per il marchio.

- Studio della domanda: per stimare la domanda di un particolare prodotto
- Canali: uno studio delle caratteristiche dei fornitori per prodotto.
- Funzionalità di marketing: per misurare l'efficacia e l'efficienza dell'utilizzo di quest'ultimo.
- Come il mercato vede il marchio rispetto a tanti altri.
- Come viene percepito il prezzo del prodotto.
- Il pannello di controllo: soggetti che volontariamente intraprendono ricerche di mercato.
- Test: informazioni su come un prodotto può essere rilevato prima che venga lanciato sul mercato.

Come avere successo?

Nel dropshipping il successo deriva anche dalla strategia di marketing con cui vogliamo pubblicizzare il nostro punto vendita. Partiamo dalle basi:

- Sii coerente nel prenderti cura del tuo

business dropshipping e nel dargli visibilità;

- Avere una missione con obiettivi chiari, precisi e coerenti con le nostre capacità e possibilità. Definire l'obiettivo che si vuole raggiungere è il motore che guida tutte le azioni successive;
- Ricercare i problemi e studiarne l'origine e le soluzioni;
- Affronta la concorrenza;
- Crea un marchio o un marchio con un logo e caratteristiche come ricordare i prodotti venduti ogni volta che appaiono al consumatore. Esistono vari studi che offrono la possibilità di capire come creare un brand nel modo più corretto possibile, per attirare sempre più clienti;
- Dai un messaggio al tuo marchio;
- Ricercare il mercato e cercare di conoscere al meglio i propri clienti target;
- Non concentrarsi solo sull'andamento del mercato, è importante, ma non dovrebbe essere l'unico elemento da considerare;
- Offrire prodotti originali, ricercare l'innovazione, non copiare la concorrenza

e non annoiare il consumatore sono le basi fondamentali per raggiungere il successo;

- Attenzione ai clienti e un certo rispetto per i clienti più affezionati, lasciando da parte cattivi pagatori e clienti scorretti. Secondo il principio di Pareto, la maggior parte delle entrate proviene dai pochi clienti fedeli e la maggior parte dei problemi provengono dai clienti peggiori. Ecco perché è importante concentrarsi su quella parte di consumatori che rappresenta i clienti abituali.

10

IL CUSTOMER SERVICE

Il servizio clienti è una delle attività con cui un imprenditore Dropshipping deve confrontarsi, ovvero la relazione con il cliente. L'imprenditore è direttamente responsabile delle vendite e della risoluzione dei problemi, il servizio clienti è così importante che molte aziende hanno reparti ad esso dedicati. La percezione delle vendite da parte dei consumatori è di primaria importanza, se i consumatori sono insoddisfatti non acquistano, quindi non c'è profitto per l'azienda. Secondo uno studio sul servizio clienti condotto negli Stati Uniti nel 2017, quasi la metà del campione analizzato rinuncerebbe all'acquisto dopo aver letto le recensioni negative di altri clienti. Altri risultati mostrano che la maggior parte dei clienti è disposta a spendere di più se il servizio clienti è eccellente. Come aiutare in modo corretto e soddisfacente i tuoi clienti?

- Tramite e-mail il contatto è diretto, veloce e ogni cliente è raggiungibile. L'e-mail offre una copertura 24 ore su 24, 7 giorni su 7. Inoltre, la comunicazione non richiede troppo tempo per il trader.
- Supporto attraverso i social per rispondere pubblicamente a dubbi e imbarazzi, soddisfacendo così più clienti contemporaneamente. Inoltre, è sempre un buon modo per ottenere pubblicità extra.
- Abilita la chat sul sito Web del tuo negozio online per comunicazioni in tempo reale.
- Assistenza telefonica, preferita da molti clienti, in quanto consente un contatto diretto e molte volte più chiaro.
- Una sezione dedicata alle domande frequenti o alle domande più comuni, in modo che i clienti possano trovare comodamente sul sito le risposte più richieste senza cercare un venditore. Semplificando la ricerca di un acquirente, il trader risparmierà anche tempo prezioso.

Offrire il giusto aiuto è fondamentale per qualsiasi attività di dropshipping e non è così semplice, servono competenze basate sulla completa conoscenza del prodotto, il giusto modo di comunicare con i clienti, chiarezza e sintesi di comunicazione e la conoscenza di come soddisfare le aspettative dei clienti. Un eccellente servizio clienti non solo fornisce uno spazio di dialogo e pubblicità sui prodotti, ma fornisce anche uno strumento importante per comprendere meglio le esigenze del consumatore e offre quindi la possibilità di condurre ricerche di mercato. Ma come gestisci i clienti arrabbiati o maleducati? Le pubbliche relazioni non sono sempre facili e rilassate e non commettere mai errori, non è sempre impossibile. Nella fase di assistenza c'è la possibilità di correggere l'errore e quindi anche la possibilità di eliminare il rischio di perdere il cliente, guadagnando la sua fiducia, visto l'impegno ad eliminare la sua insoddisfazione. Ogni consumatore vuole essere ascoltato e compreso, quindi l'atteggiamento corretto è essere comprensivo e disposto a correggere. Prendiamo ad esempio uno dei metodi più utilizzati dai colossi del mercato, L.A.T.T.E. Cioè:

- Ascolta;
- Conferma, Identificazione del problema;

- Agire, agire per risolvere il problema;
- Grazie, grazie per aver contattato il venditore;
- Spiega cosa hai fatto, spiega le azioni intraprese.

Come misurare le prestazioni del servizio clienti? Per prima cosa valuta se i clienti tornano e acquistano dalla nostra azienda, questa è la migliore indicazione. Valuta se c'è un feedback sull'aiuto e sulla sua qualità. Valuta anche quanti e con quale frequenza i clienti affermano di avere problemi con i nostri prodotti o con l'acquisto nel nostro negozio online in generale. Probabilmente è vero che più contatti ci sono, più problemi ci sono, motivo per cui aumenta l'insoddisfazione dei clienti.

11

GLI ADEMPIMENTI FISCALI IN ITALIA PER IL DROPSHIPPING

Per dropshipping si intende la vendita di prodotti a tutti gli effetti, e la legge italiana ha previsto tutte le norme fiscali riguardanti l'acquisto e la vendita di beni ad uso e consumo dell'acquirente. Il commercio elettronico segue una propria disciplina fiscale e richiede alcune formalità: aprire una partita IVA con il relativo codice ATECO, scegliere la forma giuridica che si vuole trasferire all'attività di dropshipping, iscrizione obbligatoria presso la Camera di Commercio all'albo del tribunale. Nel territorio di competenza a seconda della sede di attività. E ancora iscrizione obbligatoria all'INPS con relativo versamento dei contributi, per reddito e fatturato. Valutare il regime fiscale per scegliere e avere un buon commercialista e poi presentare il certificato di inizio attività alla S.U.A.P. il comune della sede dell'attività economica. E ancora la necessità di attivare la PEC, ovvero una casella di posta elettronica certificata. Occorre poi tenere conto degli obblighi di comunicazione previsti, quali Consumo, Codice e GDPR (Regolamento Europeo sulla Protezione dei Dati Personali) nonché la Cookie Policy, messaggio inviato al cliente dichiarando di essere stato salvato durante una visita al sito.

Le modalità di fatturazione per i prodotti venduti in dropshipping sono le stesse di un normale negozio di e-commerce. Il fornitore emette fattura per i prodotti acquistati al commerciante, che riporta nei suoi registri cosa ha acquistato e cosa ha venduto al consumatore, con i relativi costi e guadagni. Se l'operazione di dropshipping coinvolge più paesi esteri (molti fornitori risiedono in Cina), sarà necessario creare due diversi accordi di cessione. Facciamo un esempio, sei un dropshipper e il tuo fornitore risiede in Cina mentre il cliente risiede in Spagna. Il fornitore cinese invierà il prodotto direttamente all'acquirente spagnolo e tu invierai la fattura direttamente all'acquirente con l'obbligo di pagare l'IVA al momento dell'importazione del prodotto acquistato. Ricevi la fattura dal fornitore, che registri nella contabilità generale.

Un problema fiscale per i consumatori

La tassazione è un altro elemento molto importante da chiarire quando si parla di dropshipping, in quanto è un argomento molto controverso e dibattuto. Ad esempio, nel mondo dell'e-commerce è diffusa la convinzione che i prodotti dropshipping possano essere venduti in modo completamente gratuito senza dover aprire una partita IVA: questa convinzione è completamente sbagliata, perché in Italia usare dropshipping significa rappresentare una vera azienda. L'unico esempio in cui si può parlare di "dropshipping gratuito" è il temporary store di Shopify, che permette di provare la piattaforma gratuitamente per 14 giorni (un'ottima occasione per testare un'idea senza costi). Per aprire una partita IVA è necessario rivolgersi ad un commercialista, in quanto ci sono più passaggi rispetto a quelli di cui abbiamo parlato all'inizio del capitolo e che ora riassumiamo più nel dettaglio:

- Aprire una partita IVA con codice Ateco 47.91.10 "Commercio al dettaglio via Internet";
- Iscrizione al registro delle imprese della Camera di Commercio e Industria;

- Iscrizione alla gestione INPS degli esercenti;
- Presentare dichiarazione certificata di inizio attività (S.C.I.A.) presso l'Ufficio Unificato per le Attività Produttive (S.U.A.P.);
- Selezionare la modalità appropriata.

Un primo regime forfettario è raccomandato per i titolari di partita IVA che entrano nel mercato per la prima volta. Fissa un fatturato annuo e un limite di fatturato di 65.000 euro con un tasso del 5% (anziché del 15%) sul 40% del fatturato nei primi cinque anni. Dopo cinque anni, la tariffa torna al 15% per tutto il traffico. A seconda del pagamento dei contributi, questi si dividono in due categorie: contributi fissi e variabili. I contributi fissi ammontano a circa 3.400 euro suddivisi in 4 rate, ma è esonerato da tale pagamento l'interessato che abbia un contratto di lavoro da almeno 21 ore, in quanto già versa i contributi dal titolo di lavoro. I contributi variabili hanno un'aliquota del 24%, calcolata sulla soglia al di sopra del reddito minimo di 15.000 euro. Inoltre, deve essere pagato anche un contabile. Il totale ammonta quindi a circa 3.800 euro (a seconda delle specifiche). Occorre prestare attenzione anche al processo di fatturazione, soprattutto se si decide di utilizzare fornitori extra UE.

Oltre alle spese amministrative, che comprendono le spese di apertura della partita IVA, le spese contabili, i contributi INPS e le tasse, ci sono anche le spese di commercio elettronico e di marketing. Il costo per aprire un negozio online per vendere i tuoi prodotti varia, soprattutto se scegli di utilizzare un professionista o piattaforme come Shopify, Woocommerce o Prestashop che consentono a chiunque di creare un negozio online in pochissimo tempo. Ad esempio, se decidi di aprire un e-shop con Shopify e scegli il pacchetto base a 29 USD al mese, circa 25 EUR, il tuo costo annuale sarà di circa 300 EUR. Anche i costi di marketing sono variabili, in quanto il venditore stesso decide quanto investire in pubblicità. Se vuoi risparmiare, è prima di tutto importante che i testi del tuo sito web siano ottimizzati SEO per posizionarli correttamente nei motori di ricerca. È anche importante concentrarsi sulle strategie di marketing dei contenuti per aumentare il traffico verso il tuo sito web. Se pensi di avere un prodotto che i consumatori cercano con impazienza online e vuoi ottenere la massima visibilità possibile e ottenere più visibilità nel più breve tempo possibile, rivolgiti a SEM, in particolare Google Ads e social network. Se vuoi indirizzare il traffico verso il tuo negozio online dropshipping e aumentare le tue vendite, dovrai investire in varie forme di pubblicità. Tuttavia, è possibile ottenere buoni risultati anche con un investimento pubblicitario relativamente basso: 100/200 euro al mese sono un buon punto di partenza. In sintesi, i costi per aprire un negozio dropshipping sono i seguenti:

- Le spese amministrative ammontano a circa 3.800 euro annui;
- I costi dell'e-commerce sono di circa 300 euro all'anno;
- I costi di marketing sono di circa € 1.200/2.400 all'anno.

Ciò significa che il costo annuale richiesto per iniziare il dropshipping, con costi di marketing minimi e scegliendo il piano base su Shopify per realizzare un sito web, è un valore iniziale di 5.000 euro. Chiaramente, rispetto all'e-commerce tradizionale, che richiede un magazzino con relativi costi e l'acquisto delle scorte iniziali, si tratta sicuramente di un investimento molto piccolo, ma è comunque una cifra da considerare, a differenza di molti fake. Novità che ruota attorno alla pratica del dropshipping.

Infine, vale la pena menzionare alcuni aspetti

pratici dell'attuazione di un tale progetto. Ad esempio, è essenziale che una persona abbia un certo livello minimo di competenze informatiche e digitali necessarie per creare e gestire un sito web. Modifiche al design e alla struttura del sito web, aggiornamento del catalogo, backup regolari ed eventuali irregolarità tecniche sono compiti che il venditore dovrà prendersi cura di se stesso. Inoltre, avrà determinate capacità di marketing che gli consentiranno di definire strategie di vendita, valutare i prodotti, studiare la concorrenza, analizzare i mercati, occuparsi di SEO e valutare adeguati investimenti pubblicitari.

Opportunità e svantaggi: analizziamo ogni aspetto

Oggigiorno si sente spesso parlare di outsourcing. Nelle aziende tradizionali, è prassi comune per le aziende esternalizzare determinati processi e servizi. Un equivalente si trova anche nell'e-commerce: dropshipping. Si tratta di un metodo innovativo di vendita online, in quanto consente al venditore di vendere un prodotto che non ha in magazzino, lasciando la consegna del prodotto al cliente al fornitore della merce. Questo modello di business è in realtà molto semplice. Tre attori partecipano al processo: acquirente, venditore e fornitore. L'acquirente effettua un ordine per il prodotto sulla piattaforma del venditore e paga il prezzo di listino, ad es. 100 euro, il venditore effettua un ordine con il fornitore e paga il prezzo all'ingrosso, ad es. 50 euro, e il fornitore spedisce direttamente il prodotto al cliente. In questo modo il venditore, in qualità di intermediario, realizza un guadagno di 50 euro sulla differenza tra il prezzo all'ingrosso del prodotto e il prezzo del prodotto che vende al consumatore finale che non ha dimestichezza con il servizio dropshipping. È una soluzione vantaggiosa per tutti, che consente all'acquirente di trovare facilmente un prodotto difficile da trovare, al fornitore di espandere la propria base di clienti e al venditore di realizzare un margine di profitto a un costo totale relativamente basso. Il dropshipping è quindi un modello di business molto interessante per chi vuole muovere i primi passi nel mondo dell'e-commerce. Un commerciante "liberato" dai rischi della gestione del magazzino e della spedizione dei prodotti può concentrarsi maggiormente sul marketing e sulla gestione del sito di e-commerce.

Il dropshipping è un modello di vendita innovativo, sempre più diffuso e utilizzato in Italia, ma fino a poco tempo fa è rimasto in secondo piano (come spesso accade nei mercati italiani): questa pratica, nata negli USA, ha iniziato a diffondersi solo di recente in Italia. Tuttavia, c'è ancora molta disinformazione e confusione sul dropshipping. Purtroppo molto spesso questo modello di business viene erroneamente associato all'idea di denaro semplice, facile, veloce, economico e, soprattutto, senza valore. Sebbene questa pratica sia interessante sotto molti aspetti, non riflette in alcun modo le descrizioni illusorie e fuorvianti appena citate. Al contrario, se si decide di avviare un e-business, è necessario conoscere alcune delle caratteristiche principali, come i vantaggi e gli svantaggi di questo metodo, la tassazione, i costi e alcuni aspetti pratici della questione, che presenterà in dettaglio. Come ci si può aspettare, questa pratica porterà sia vantaggi che ostacoli per coloro che vogliono intraprendere questo business online. I principali vantaggi sono:

- Bassi costi iniziali: senza magazzino risparmi sui costi di investimento per l'acquisto di magazzino e sui costi di gestione del magazzino, che sono solitamente tra i costi più importanti dell'e-commerce;
- Branding: anche se non hai prodotti fisici, le vendite saranno ovviamente interamente

con il tuo marchio, permettendoti di creare l'immagine che desideri per la tua attività;

- Facilità di gestione: non c'è bisogno di gestire il magazzino, il personale, l'imballaggio, le spedizioni ei resi, l'intera attività può essere coordinata più facilmente;
- Maggiore flessibilità: se non hai un magazzino, puoi gestire il tuo e-commerce sempre e ovunque. Tutto ciò di cui hai bisogno per gestirlo è un laptop con una connessione a Internet;
- Nessuna logistica: stampa, imballaggio e spedizione richiedono tempo e competenze, mentre il cliente richiede una consegna dei prodotti veloce ed economica;
- Pieno controllo sul marketing: hai completa libertà nella scelta di prezzi, strategie e posizionamento.

Poiché lo scopo di questo libro è insegnare e impartire conoscenze, dobbiamo anche valutare gli aspetti negativi di questa forma di trading. Perché così come ci sono molti vantaggi, ci sono anche molti rischi associati alla gestione di un e-commerce tramite dropshipping:

- Mancanza di controllo sul prodotto e sulla consegna: il fatto che non abbiamo un prodotto fisico e che affidiamo la consegna al fornitore è un altro svantaggio, poiché c'è il rischio che il fornitore non rispetti la qualità del prodotto o le date di consegna concordate. Questa azione riguarda solo l'immagine del tuo marchio e non l'immagine del fornitore, quindi la scelta di quest'ultimo è fondamentale e primaria. È chiaro che i prodotti e le spedizioni dovrebbero essere testati prima che inizino le vendite effettive, ma dovrebbe essere instaurato un solido rapporto di fiducia e onestà con il fornitore;
- Basso margine di profitto: È ovvio che non è possibile applicare un markup (il rapporto tra il prezzo del prodotto o servizio e il costo) come fa il fornitore, quindi il margine di profitto rimane basso. Un buon profitto richiede quindi un gran

numero di transazioni (anche se non è sempre così);

- Alta concorrenza: alto livello di concorrenza, soprattutto nella vendita di prodotti generici. Pertanto, è necessario trovare una nicchia per vendere prodotti unici e differenziarsi creando un marchio riconoscibile e dalla forte personalità;
- Spedizione internazionale: uno dei maggiori problemi di questo modello è il tempo di spedizione. In effetti, è pratica comune per i dropshipper acquistare prodotti economici in paesi asiatici come la Cina e poi rivenderli in Europa. Il problema è che le spedizioni dalla Cina, ad esempio, impiegano dalle due alle quattro settimane.

Ovviamente, questi sono svantaggi che ogni persona che avvia un'impresa dovrà affrontare. Con una buona dose di conoscenza, senso degli affari, abilità e, perché no, un po' di fortuna, possono essere facilmente aggirati o addirittura eliminati.

CONCLUSIONI

Se stai pensando di aprire un'attività di e-commerce in dropshipping, ora conosci i pro e i contro che possono derivarne, quindi pensa attentamente a cosa fare. Il dropshipping è un modo semplice e veloce per vendere se usato correttamente. Prima di intraprendere questa avventura è utile informarsi e magari osservare chi si è avventurato in questo campo prima di voi e se e quali fossero i problemi. Gli ostacoli che spesso si presentano possono essere risolti pianificando attentamente la visione aziendale e lavorando correttamente con il dropshipper. Ci sono anche molti corsi online che trattano questo argomento, che vale sicuramente la pena esplorare visti i vantaggi che il dropshipping può offrire! Dal punto di vista organizzativo, come abbiamo ripetuto più volte, i vantaggi sono numerosi: bassi costi del lavoro da casa! In questo capitolo è necessario parlare di dropshipping e contestualizzarlo nel momento storico che stiamo vivendo. Quest'anno si è sviluppata una pandemia che ha colpito il mondo intero e ha portato con sé molte conseguenze, sia dal punto di vista sociale che economico. A causa del periodo di quarantena e delle misure restrittive applicate a causa della pandemia, lo shopping online è aumentato notevolmente, il che ha cambiato il mondo del commercio. Molte persone hanno scoperto la comodità dello shopping online in questo periodo e la tendenza sembra destinata ad aumentare nei prossimi mesi. Inoltre, c'è una componente commerciale da non sottovalutare e che sta costando ai rivenditori ingenti perdite nei negozi durante la fase di lockdown, è la tenuta del magazzino e i costi associati. Essere in grado di vendere i tuoi prodotti, risparmiare sui costi di acquisto, sui costi di inventario e sui costi di mantenimento dell'inventario può fare la differenza tra perdita o profitto economico. Il dropshipping offre naturalmente questo vantaggio. Tuttavia, molti commercianti rimangono fedeli alla loro tipologia di vendita, proprio perché offre un rapporto più diretto con il cliente rispetto a qualsiasi altro tipo di vendita online. Tuttavia, l'offerta di prodotti nei marketplace è in aumento, soprattutto in questo ultimo periodo, ora sono molti i rivenditori come Amazon che integrano la loro offerta con tutta la merce invenduta in questo periodo. Anche altri marchi stanno cercando di reintrodurre i costi e aumentare i margini di profitto riducendo i punti vendita e puntando sempre più sull'e-commerce. La vendita online è la scoperta del nuovo millennio, e nel 2020 è alla portata di tutti. Con il metodo dropshipping chiunque può diventare un imprenditore e avere l'opportunità di guadagnare comodamente da casa propria. Tutto ciò di cui hai bisogno è la flessibilità mentale per adattarti alle mutevoli esigenze dei consumatori, un piano di visione chiaro e una pianificazione chiara. Concentrati sempre sulla lettura dei dati e sulle ricerche di mercato per avere successo. Sono inoltre richieste competenze informatiche e capacità di utilizzare software adeguati.

FAQ: LE DOMANDE PIÙ RICORRENTI

Quali sono le domande più frequenti di chi incontra il Dropshipping per la prima volta? Ecco alcuni dei più comuni.

Come sincronizzare ciò che viene offerto in vendita sul sito e ciò che il venditore ha effettivamente in magazzino? Esistono dei sistemi informatici per risolvere questo problema, anche se sono piuttosto costosi, la soluzione più semplice ed economica è non affidarsi a un unico fornitore, ma poter contare su più fornitori. Questa gestione può funzionare per la maggior parte dei prodotti, ma non per tutti, e la gestione dell'inventario è una grande responsabilità: la vendita di beni che non sono disponibili può anche comportare la chiusura dell'account se vendi su Amazon.

Puoi vendere un prodotto che non hai mai visto prima? Non conosci le merci che venderai con il dropshipping in particolare, perché il commerciante non le ha mai viste dal vivo. Il fornitore dovrà comunque inviare una descrizione completa del prodotto, preferibilmente con immagini allegate. La conoscenza del prodotto è fondamentale non solo per la presentazione sul proprio sito e la vendita, ma anche per un aiuto in caso di necessità e quindi per la credibilità dell'acquirente.

Ci sono margini di profitto nel dropshipping? Il profitto è dato da molte variabili, dipende se vendiamo al dettaglio con molti venditori al loro interno, se abbiamo un nostro negozio online, dipende se la nicchia di mercato a cui ci rivolgiamo è satura o meno, dipende se il fornitore su cui ci affidiamo serve tanti altri imprenditori e secondo i suoi standard. In generale i margini di guadagno sono bassi, il profitto è generato non tanto dalla tipologia di merce venduta, ma dalla quantità. Ecco perché la velocità e la costante ricerca di mercato sono importanti nel drop-shipping.

È meglio iniziare con i mercati o aprire il tuo sito web? Ovviamente, se non hai molta fiducia nel web e conosci il mondo del business e del marketing, meglio affidarsi a colossi come Amazon, almeno nella fase iniziale, per iniziare a capire come funziona l'e-commerce. La vendita online richiede tempo e dedizione, anche se può sembrare semplice, non è così istantaneo. Quando il mondo dell'e-commerce diventa più chiaro e gestibile, allora è meglio aprire il tuo sito web per aumentare le tue entrate. Contano anche una buona base finanziaria e la possibilità di passare da un asset all'altro a seconda delle esigenze del mercato.

In conclusione, la vendita online è consigliata a tutte quelle persone che hanno il tempo e vogliono davvero mettersi in gioco, per dedicare energie e denaro allo studio del marketing e del commercio online. Il successo richiede perseveranza, disciplina e dedizione, senza i quali nessun metodo, per quanto semplice e conveniente da usare, può portare benefici economici.

Qual è la differenza tra Marketplace e dropshop? Nei marketplace, il produttore o il venditore vende la merce al consumatore, facendosi carico delle spese di consegna e spedizione, se presenti. Quando l'acquirente riceve la merce, può scegliere di restituirla e inviarla direttamente al venditore. Nel dropshipping, il venditore e colui che possiede veramente la merce sono due persone diverse. Il fornitore si occupa dello stoccaggio e della spedizione, anche se il cliente lavora solo con il rivenditore, quindi i resi vengono nuovamente inviati direttamente al rivenditore. Le differenze più insolite tra dropshipping e marketplace in termini di controllo di gestione e contabilità sono che un rivenditore dropshipping riscuote l'intero importo venduto, ma è responsabile del costo della merce. Un commerciante che vende attraverso i marketplace non ha costi di vendita, ma raccoglie commissioni di vendita. Chi realizza il Dropshop utilizza risorse ingenti per trovare la merce giusta da vendere e assicurarsi che venga consegnata nei tempi e in ottime condizioni, tenendo conto del costo del servizio, i mercatini in questo caso hanno molti meno problemi. Il dropshipping ha quindi senso per tutte quelle merci che richiedono fatica e fantasia nella spedizione, e per chi non vuole accollarsi eccessivi costi di manutenzione del magazzino.

GLOSSARIO

A

Amazon Marketplace: è una delle piattaforme di e-commerce più grandi e famose al mondo. Amazon richiede il pagamento per ogni prodotto venduto e, tramite il nuovo servizio Fulfillment, provvede anche alla consegna della merce a un costo aggiuntivo.

Amazon: Amazon è una delle più grandi società di e-commerce al mondo. Fondata nel 1994 da Jeff Bezos, l'azienda ha iniziato come libreria online e si è espansa per vendere DVD, CD, videogiochi, abbigliamento, cibo e altro ancora. Nel corso degli anni l'azienda è cresciuta al punto da offrire il proprio punto vendita ad altri rivenditori, diventando un marketplace che permette non solo di acquistare, ma anche di rivendere.

B

B2B Business-to-Business: l'acronimo B2B, business-to-business, viene utilizzato per le transazioni business-to-business. Nel B2B, un'azienda commercia con i propri fornitori in relazione ad appalti, pianificazione e monitoraggio della produzione, o con autorità pubbliche e altre società.

B2C Business to Consumer: Abbreviazione B2C, business-to-consumer, al contrario di b2b, si riferisce alle transazioni business-to-business condotte direttamente da un'azienda con i consumatori.

Backend: il backend di un sito di e-commerce si riferisce all'area in cui i dati dei clienti, gli ordini e i contenuti del sito Web possono essere gestiti e resi nuovamente disponibili al front end dopo l'elaborazione.

Basket: una raccolta virtuale di prodotti raccolti dal cliente nel negozio online

Blog: un sito Web con contenuti correlati al proprio sito Web.

C

CAC, Customer Acquisition Cost: CAC (Customer Acquisition Cost) è uno dei Key Performance Indicators (KPI) utilizzati nell'e-commerce e viene utilizzato per calcolare il costo di acquisizione di un nuovo cliente.

Carrello: su un sito di e-commerce, un carrello è uno strumento che un utente utilizza per selezionare un prodotto desiderato e pagarlo.

Codice coupon: è un codice sconto composto da una stringa di numeri e lettere che puoi utilizzare online.

Commercio in negozio: il commercio in negozio si riferisce all'attività associata a un negozio fisico per la vendita e l'acquisto di prodotti e viene utilizzata in contrasto con l'e-commerce, ovvero un negozio online.

Cookie: file di testo inviati al cliente all'apertura di una pagina di un sito web, con la funzione di raccogliere dati relativi alla navigazione del cliente sul sito stesso.

COS, costo del venduto: il costo del venduto è un valore che esprime i costi di marketing relativi al traffico generato e viene utilizzato perché fornisce un benchmark per calcolare la redditività di un canale di marketing.

CPA, Costo per acquisizione Significato: L'acronimo Costo per acquisizione si riferisce al costo addebitato quando un visitatore visita il sito Web di un inserzionista e intraprende un'azione come una vendita, una registrazione, un abbonamento a una newsletter.

CPC, costo per clic, cos'è: Il CPC riflette il costo addebitato da un inserzionista quando viene eseguita un'azione (clic) su un annuncio ed è un parametro relativo al SEM, all'email marketing e alla pubblicità display.

CPM, Cost Per Thousand: Acronimo di Cost Per Thousand, si riferisce al prezzo addebitato per mille impressioni di annunci. Viene spesso utilizzato per stimare i costi pubblicitari ed è particolarmente utilizzato per la pubblicità display e l'email marketing.

CPS, Cost Per Sale: Il costo per vendita è la percentuale di traffico che l'inserzionista paga all'editore al termine della vendita. Offre vantaggi all'inserzionista in quanto non lo espone a rischi di investimento.

CRM, gestione delle relazioni con i clienti: CRM è la gestione delle relazioni con i clienti, un sistema per gestire le relazioni con i clienti, la loro fidelizzazione, le campagne di marketing e la decisione di nuove strategie.

Cross-selling: il cross-selling è la vendita di un prodotto o servizio aggiuntivo che il cliente richiede dopo che la vendita del primo prodotto o servizio è stata confermata.

D

Directory: siti Web che forniscono elenchi di altri siti Web tramite collegamenti.

Dominio: l'indirizzo web di un'attività online

Drop Shipment: Drop Shipment viene utilizzato nell'e-commerce per fare riferimento a un modello di vendita in cui un venditore vende un prodotto a un consumatore senza conservarlo fisicamente in un magazzino. In questo modello logistico, il venditore inoltra l'ordine al fornitore, che a sua volta invia il prodotto all'utente finale.

E

eBay: un sito noto e dominante nel mondo dell'e-commerce. Si occupa di aste online, i venditori possono comunicare con gli acquirenti e pagare una certa percentuale dei loro guadagni a eBay.

E-commerce: vendita di prodotti online

Erpice: Erpice è un sito di e-commerce italiano dove i venditori registrati possono vendere i loro prodotti sulla piattaforma.

Etsy: Etsy è un sito di e-commerce in cui i

membri possono vendere oggetti fatti a mano o oggetti d'antiquariato.

F

Fatturazione elettronica: per fatturazione elettronica si intende la possibilità di emettere e conservare le fatture in formato digitale, così come previsto dalla Direttiva UE 115 del 20 dicembre 2001 e introdotta in Italia dal D.lgs. 52 del 20 febbraio 2004.

Firma digitale: una firma digitale è un tipo di firma elettronica basata su un sistema di coppie di chiavi asimmetriche, equivalenti a una firma autografa, che conferma l'autenticità, l'integrità e il valore legale dei documenti digitali.

Fornitore di conto commerciante: un tipo di conto bancario che consente ai clienti di utilizzare carte di credito e di debito per i pagamenti. Questo tipo di account memorizza i guadagni solo per un momento e poi li sposta sul conto del venditore effettivo.

Frequenza di rimbalzo: la percentuale di persone che visitano un sito Web senza visualizzare altre pagine.

Front end: Il front end di un sito e-commerce, a differenza del back end, è la parte pubblica del sito, cioè quella accessibile all'utente.

G

Google Analytics: un'ottima piattaforma per l'analisi dell'e-commerce. Gratuito ed efficace che chiunque può utilizzare.

Google: il motore di ricerca più utilizzato e famoso al mondo. Google utilizza algoritmi segreti e molto complessi per visualizzare i siti Web ai propri utenti.

Grossista: un produttore o fornitore che vende prodotti ai rivenditori.

I

Importanza della vendita al dettaglio online: la vendita al dettaglio online è un tipo di e-commerce che viene utilizzato per raggiungere il cliente finale.

Infocommerce: Infocommerce, una combinazione delle parole "info" e "commerce", si riferisce all'attività di un utente che ricerca online informazioni su prezzi, caratteristiche, disponibilità, nuove funzionalità e opportunità per prodotti e/o servizi specifici prima di effettuare un acquisto decisione. Acquisto online.

M

Magento: Magento è una piattaforma di e-commerce open source in Php e MySQL lanciata il 31 marzo 2008 che consente agli utenti di creare siti Web di e-commerce e gestire facilmente il proprio negozio online. È uno dei più utilizzati perché dispone di strumenti per il marketing e la gestione dei cataloghi prodotti, consente di inserire recensioni di prodotti, creare schede con più immagini, personalizzare fatture, inviare email di ordini a più indirizzi contemporaneamente e inserire sconti, promozioni e prezzi speciali.

Margini di profitto: la differenza tra il costo del prodotto al rivenditore e il prezzo di vendita.

Marketing di affiliazione: un rivenditore online lavora con editori online per pubblicizzare e offrire i propri prodotti ai clienti online. Questi editori sono pagati in base al numero di visitatori online.

Marketplace: nel contesto dell'e-commerce, un mercato è definito come una piattaforma che fornisce spazio ad altri negozi. Di conseguenza, i venditori sul mercato possono essere tanto diversi quanto le categorie di prodotti. La specificità del marketplace è che la piattaforma non gestisce il processo di vendita, ma semplicemente lo abilita. Esempi di marketplace sono Amazon ed Ebay, che, dopo essere diventati grandi fornitori di e-commerce, hanno offerto i loro spazi di vendita ad altri fornitori.

Micrositi: i Micrositi sono pagine Web incorporate in un altro sito Web utilizzate per pubblicizzare un prodotto o servizio con un design e una grafica accattivanti.

Mobile Business: utilizzo di smartphone e tablet nel business online.

N

Negozio in-store: i negozi in-store sono angoli di vendita che consentono agli utenti di scegliere solo i prodotti di un determinato marchio.

Negozio multicanale: si tratta di prodotti che possono essere trovati su più canali informativi.

Nicchia: segmento di mercato.

P

Prodotti correlati: i prodotti correlati sono prodotti strettamente correlati al prodotto visualizzato dall'utente, ma non appartengono necessariamente alla stessa categoria del prodotto principale, ad esempio una stampante potrebbe avere una cartuccia come prodotto correlato.

Promozione delle vendite: la promozione delle vendite è una tecnica di marketing che incoraggia un cliente ad acquistare un prodotto di qualità superiore a quello originariamente acquistato.

R

Remarketing: il Remarketing è una forma di pubblicità online che ti consente di raggiungere gli utenti che hanno visitato il tuo sito ma non hanno effettuato una vendita o convertito. Questo è utile per i siti di e-commerce, in quanto il Remarketing ti consente di entrare in contatto con un utente che ha lasciato il sito senza effettuare un acquisto e di offrirgli annunci pertinenti sui diversi dispositivi che sta utilizzando.

Reso: Nelle vendite online, per reso si intende la politica di reso. Al momento dell'acquisto online, il consumatore può esercitare il diritto di recesso entro 14 giorni lavorativi dal ricevimento dei beni e servizi entro 14 giorni dalla conclusione del contratto.

ROI, ritorno sull'investimento: Il ROI è un indicatore del ritorno sull'investimento o del profitto ottenuto in relazione alle spese investite.

S

Sem: Abbreviazione Sem (Search Engine Marketing) si riferisce alla promozione di un sito Web sui motori di ricerca per indirizzare il traffico e gli utenti al sito. Le campagne Sem più popolari includono la creazione di campagne Google AdWords, PPC (Pay-per-click) e Dem (marketing diretto tramite e-mail).

Seo: Seo (Search Engine Optimization) si riferisce

a tutte le attività di marketing online volte a migliorare la visibilità di un sito web nei motori di ricerca. Questo è un aspetto fondamentale per posizionare e aumentare la visibilità dei siti e-commerce, che sono caratterizzati da una struttura complessa e dettagliata, per la quale è importante utilizzare le giuste tecniche di indicizzazione per posizionare il sito nei primi risultati di ricerca. Esempi di misure SEO sono la scelta corretta delle parole chiave, l'ottimizzazione dell'indirizzo url con il nome della categoria e del prodotto, l'ottimizzazione delle immagini e dei link interni ed esterni.

Social commerce, social commerce: il social commerce si riferisce a un insieme di strategie e tattiche di marketing che utilizzano i social media e/o i sistemi di comunicazione peer-to-peer per generare transazioni online.

Stock: prodotti in stock.

T

Tracciamento dell'ordine: per tracciamento dell'ordine si intende la possibilità di verificare lo stato dell'ordine accedendo a una parte privata del sito Web dell'azienda, dove sono disponibili informazioni sullo stato dei trasferimenti e delle spedizioni.

Traffico: quanti visitatori giungono al sito attraverso i canali più diversi.

W

Woocommerce: Woocommerce è un plug-in Ecommerce gratuito per Wordpress che ti consente di vendere qualsiasi cosa.

www.ingramcontent.com/pod-product-compliance
Lightning Source LLC
LaVergne TN
LVHW050550160826
845677LV00011B/2254

* 9 7 9 8 8 4 8 1 7 1 3 8 9 *